剑锋勇士 侦察兵

走近主力兵系列

SCOUT

北京大陆桥文化传媒 ◎ 编译

重庆出版集团 重庆出版社

图书在版编目（CIP）数据

剑锋勇士——侦察兵/北京大陆桥文化传媒编译.—重庆：重庆出版社，2008.6

（走近主力兵系列）

ISBN 978-7-5366-9775-1

Ⅰ.剑… Ⅱ.北… Ⅲ.侦察兵—通俗读物 Ⅳ.E151-49

中国版本图书馆CIP数据核字（2008）第069980号

剑锋勇士——侦察兵
JIANFENG YONGSHI——ZHENCHABING
北京大陆桥文化传媒 编译

出 版 人：罗小卫
责任编辑：刘 文
责任校对：娄亚杰
撰　　稿：农清华 勘 洁
装帧设计：传奇设计工作室·张燕萍

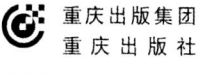

重庆出版集团
重庆出版社　出版

重庆长江二路205号　邮政编码：400016　http://www.cqph.com
北京大陆桥时代出版物有限公司制作
重庆华林印务有限公司印刷
重庆出版集团图书发行有限公司发行
E-MAIL: fxchu@cqph.com　邮购电话：023-68809452
全国新华书店经销

开本：787mm×1092mm　1/16　印张：14.25　字数：245千
2008年6月第1版　2008年6月第1次印刷
ISBN 978-7-5366-9775-1

定价：36.50元

如有印装质量问题，请向本集团图书发行有限公司调换：023-68809955 转 8005

版权所有　侵权必究

前言

　　人类自从诞生到现在大约一共经历了八千多场战争，每一场战争都会伴随着残酷的厮杀。为了达到征服对手的目的，战争的任何一方都会在战争中无所不用其极。在正面战场上，人们已经能够通过各种途径对血肉横飞的场面见怪不怪。但是每一次军事行动的背后，在战场上那些毫不起眼的角落里，是否有人会注意到：一个个鬼魅一样的身影不时悄无声息地出现、消失或者一直躲着一动不动？但是他们的眼睛和耳朵乃至全身的每一个感官都在高度关注着对手的一举一动，他们将冒着生命危险得到的有关对手的一切都毫无保留地报告给自己一方的统帅，任何一场战争的胜利，都有他们立下的汗马功劳。等到战争结束，在接受勋章和欢呼的人群中，却很难看到他们的身影，他们永远是孤独的幕后英雄。他们，有一个令人神往的名字：侦察兵！或许是侦察兵的行业太过神秘，以至于普通人对他们的理解只能停留在《渡江侦察记》上。而实际上，侦察兵以及由他们组织和实施的侦察作战虽然极少被列入史册，但是他们在战争中所起的作用并不亚于那些冲锋陷阵的勇士，侦察作战的紧张和惊险程度与正面战场更是不遑多让。侦察兵的素质甚至要远远高于那些与敌短兵相接然后刺刀见红的同行，侦察作战也更多地融入了人类的血汗、智慧和科技，甚至还在不断地挑战着人类的体能和思维的极限。

只是，侦察兵的职业太特殊了，人们想了解他们的渴望总是很难得到满足。根据大量的公开资料和刚刚解密的部分资料，本书对神秘的侦察兵以及他们的侦察作战活动做了多方位的描绘，试图向读者尽可能地展示永远游荡在战场角落里的精灵。本书的前两个章节通过战争史上几个精彩的瞬间，揭示了侦察兵和侦察作战在战争中的地位和自身的独有特点。第三章和第四章则分别用不同的战例向读者呈现了过去、现在和未来侦察兵实施侦察活动用过或可能使用的方式和方法，或许这是众多读者非常乐意了解的。第五章到第九章讲述的是那些曾经风云一时的侦察兵，他们或许已经走进了历史，湮没不闻于世，或许正在厉兵秣马，等待战神的召唤。为了便于读者理解，本书对一些重要的历史人物和历史事件配了大量的插图和索引，有些图片甚至刚刚公开不久，更是弥足珍贵，有了它们的帮助，相信读者对那些秘密的历史也可以做到一目了然。

本书对战例的叙述采用了纪实风格，也对个别战例进行了简要的解析，这样既可以为广大的军事爱好者了解侦察兵和他们从事的侦察活动提供较为详实的史料，同时，也希望能引起读者的某种思考。

目录

第1章
永远的达摩克利斯之剑

1. 战神前方的影子/2
2. 揭开神秘的面纱/12
3. 硬币的两面/14
4. 漫步在历史中的剑客/20
5. 运筹帷幄的"筹码"/25

第2章
剑锋是这样磨出来的

1. 用血肉铸就钢筋铁骨/30
2. 用知识武装大脑/36
3. 练兵先修心/38
4. 做生存的适者/43

第3章
多爪章鱼

1. 不可取代的经典——地面侦察/48
2. 愈演愈烈的水中较量——海上侦察/55
3. 推陈出新的百年老兵——航空侦察/64
4. 神通广大的"天眼"——卫星侦察/73
5. 天网恢恢——无线电侦察/78
6. 来自虚拟战场的较量——网络侦察/87

第4章
奇招无尽

1. 神出鬼没的武装侦察/90
2. 鲜为人知的技术侦察/97
3. 防不胜防的谍报侦察/116

第5章
骁勇的侦察"精灵"

1. 长翅膀的"侦察兵"/126
2. 鸽子的"军功章"/130
3. 海上来了"特种兵"/133
4. 神奇的侦察犬/137

第6章
精锐的军中贵族

1. 秘密行动/142
2. 高空电子侦察兵/149
3. 沙漠中的较量/153
4. "下水道"先锋/157

第7章
聚焦侦察突击队

1. 极限耐力——南非侦察突击队/160
2. 严峻考验——瑞士第17伞兵侦察连/165
3. 先锋之军——斯里兰卡侦察突击队/171
4. 前沿陷阵——英国皇家炮兵侦察连/173
5. 独立作战——英国特别空勤团侦察小组/177

第8章
永久的国防262部队

1. 艰难的组建/186
2. 勇者的训练/191
3. "青春之泉"行动/198

第9章
为了忘却的纪念

1. 走进"二战"苏联侦察兵/202
2. 永不消逝的《星星》/210
3. 子弹的歌声/214

第 1 章
永远的达摩克利斯之剑

据古希腊的《荷马史诗·伊利亚特》记载，在公元前1174年左右，奥德赛人发起征讨异教徒特洛伊人的战争。奥德赛人对特洛伊城堡不知疲倦地进攻了十年，始终未能攻破城池，双方都损失惨重。最后，巫师卡尔卡斯出了一条妙计。不久，奥德赛人佯装箭尽粮绝乘船退去。特洛伊人在敌军撤离了的营地缴获了一匹硕大无朋的木马。成功打入特洛伊人内部的间谍西农告诉特洛伊人：这是一匹神马，它能保佑城堡坚不可摧，兵士勇猛无敌。急于确保城堡万无一失的特洛伊人信以为真，兴高采烈地把木马运进了城，虔诚地把"神马"放在城堡最要害的地方。深夜，间谍西农发出了信号，奥德赛人的船只又悄悄驶近特洛伊城。轰然一声巨响，木马的大肚子突然开了一个大口子，从里面跳出百十名精悍的奥德赛士兵，其中包括著名的阿克琉斯，他们将酣睡中的特洛伊城门守军打了个措手不及，然后打开城门让城外将士一拥而入。围城者十载夙愿，仅仅一夜工夫就实现了。

这就是《荷马史诗》中的"特洛伊木马"的故事。这个故事的作者荷马，虽然没有说明故事中的主人公西农和阿克琉斯以及他们的伙伴们就是在今天被称做是侦察兵的勇士，但是荷马所描述的"特洛伊木马"的作战方法，已经向我们证明：西农和阿克琉斯等勇士，就是当时的侦察兵。他们的行动，开创了一种新的作战模式——军事侦察作战。

战神前方的影子

  军事侦察，一直伴随着战争这个野蛮的怪物，在人类的历史中前行。在血与火的历史长河中，它润滑着战争机器，牵引着战神的脚步，以各种形式和手段影响甚至决定着战争的进程。而作为军事侦察实施者的侦察兵，也在历次战争中不断上演着一幕幕惊心动魄的悲喜剧，或者成为民间流传的千古佳话，或者成为失败者永远的噩梦，但对于那些在战场上叱咤风云的军事统帅们而言，侦察兵只有一个意义：它永远是悬在敌人头顶上的达摩克利斯之剑！

  在古今中外的重大作战行动中，军事侦察是那根最为敏感的神经，侦察行动组织的好坏往往准确地预示着战争的结果，这如同战神背对着夕阳往前走时在自己前方投出的影子。侦察兵，不但是大规模军事行动的先导，更是能在战争关键时刻出奇制胜的一支奇兵。

  早在18世纪的俄土战争中，俄国人就为军事侦察树立了一个榜样。在1787年发生的勒姆尼克河战役中，在作战中一向重视侦察的俄军统帅苏沃洛夫，经常亲自外出侦察。一次，在雷姆纳河岸边的树林中，他爬上一棵枝叶茂密的橡树，用

◎俄军统帅苏沃洛夫在俄土战争中屡建奇功

望远镜观察敌情。苏沃洛夫发现敌军部队分驻三个兵营，每个兵营土耳其部队数量都比俄军的总数还要多。但这并没有让他惊慌失措，这次侦察让他有了新的想法：敌军分驻三个独立的兵营，这就分散了兵力，便于各个击破；而且，对面非常平静的土耳其人还未预感到战斗即将发生，毫无戒备。有了准确完备的战场侦察，苏沃洛夫立即制定了战斗计划。9月11日，苏沃洛夫指挥部队猛烈冲击敌军，经过12个小时的激烈战斗，以25000人马彻底打败了土耳其10万大军，创造了战争史上一个不小的奇迹。

知识链接：

俄土战争：俄罗斯和土耳其的战争在19世纪一直时断时续地进行，双方互有输赢，但是到19世纪70年代以后，俄国开始逐渐占据上风。其中1877年到1878年间进行的俄土战争最具有决定意义。这次战争中俄军先后联合保加利亚和罗马尼亚等国的军队共同攻打土耳其，经过几次会战后，俄军逼近了君士坦丁堡，土耳其被迫与俄军停火并接受俄国吞并土耳其大部分领土的和约。但是俄国的扩张引起英国和奥匈帝国的反对，俄国在强大的压力下放弃了吞并土耳其的打算。但是一度强大的奥斯曼土耳其领土就此被肢解，塞尔维亚、罗马尼亚、保加利亚脱离土耳其独立，波黑自治，此外，土耳其还向俄国割让大片土地。此次战争前后持续两年，俄国进行军事改革的效果在战争中得到了极大的体现，俄军开始从此向现代化军队转型，作战方式更为灵活，战斗力大大增强，逐渐成为一支称霸一时的强大力量。这次战争之后巴尔干国家纷纷独立，土耳其的退出使各大国得以插足巴尔干，使这个地区矛盾日趋错综复杂，形成了引发第一次世界大战的"巴尔干火药桶"。

苏沃洛夫(1730—1800年)：出生于俄国军事贵族之家，是俄国著名将领。苏沃洛夫于1748年正式服役，1773年率部参加俄土战争并屡建战功。在1787—1791年俄土战争中，率部参加金布恩防御战、奥恰科夫围攻战、伊兹梅尔要塞攻坚战，在勒姆尼克河之战中打败土军主力，受封勒姆尼克伯爵。苏沃洛夫一生指挥过60余次会战和战斗，战功显赫。他锐意改革，敢于创新，大胆摒弃警戒线战略和线式战术；主张集中兵力于主要方向，歼灭敌人有生力量；强调快速机动，积极进攻；提出观察、快速和猛攻三项战术原则；提倡严格治军，从实战需要训练部队。他作风朴素，像士兵那样生活，被誉为"士兵元帅"。他的著作《制胜的科学》为后来各国军事家所必读。

中国在近代对外战争中曾经有过不堪回首的失败，也曾经有过酣畅淋漓的胜利，一胜一负，一耻一荣，和战前的军事侦察都有十分密切的关系。

19世纪中后期，日本通过明治维新迅速走上了现代化道路，军国主义势力也逐渐膨胀，不断进行扩张，为日本军国主义势力的侵略扩张活动提供谋略和策划服务的间谍组织也应运而生。甲午战争爆发的前几年里，日本的间谍机构已经开始为这场战争做精心的准备。

◎荒尾精与乐善堂成员

1886年，后来成为日本在华最庞大的间谍机关的乐善堂在汉口成立，负责人是日本对华谍报重要头目荒尾精。乐善堂以经营眼药品、杂货等作为掩护，逐步将触角伸向中国各地，相继在北京、长沙、重庆、天津、福州等地建立了众多分支机构，组成了一个遍布中国主要城市的间谍网，并以这些城市为基地，把触角伸展到中国的广大农村，在中国布下了大量的日本间谍。

这些日本间谍有的以商人、医生、学生等合法身份作掩护，有的剃发改装冒充中国人。他们收买汉奸，四处搜集情报，为发动战争做准备。这些间谍的侦察工作非常细致。甲午战争爆发后不久，清军缴获了一张日本间谍绘制的地图，这张地图的详细程度远远超过了中国人自己绘制的地图。地图上山东半岛的村、路、炮台、营房和山、河、井、树都画得十分清楚细致，一目了然。1888年底，一些日本间谍潜伏在施工中的威海卫炮台，以及威海卫通向荣成的道路、荣成湾附近，为选择山东半岛登陆点做准备。

◎荒尾精

经过长期观察，他们发现，荣成湾面阔水深，适合船只停泊，而且这里位于直隶海峡外侧

的偏僻海隅，离威海卫较远，还能直通威海卫背后。于是他们向日本海军递交了一份报告，提出日本对中国开战时，当从荣成湾登陆，对威海卫应采取背后进攻的战术。该建议得到采纳，这为日军击败清军北洋舰队起到了重要作用。1893年4月，日军对华谍报头目、参谋次长川上操六亲自到朝鲜和中国进行实地考察，为发动战争做最后的准备。川上操六在天津停留了一个月，参观了天津机器局和清军的武备学堂，观看了清军炮兵射击演习和步兵战术演习，进一步了解了清政府的极端腐败，对清军的战斗力和胶东半岛的地形有了充分的了解并做了详细的记录，摸清了清军的所有底牌。

◎日军对华谍报头目、参谋次长川上操六

在中国方面，对日军的军事动向既没有做出像样的侦察，对日军非常猖狂的侦察活动也没有采取任何防范措施。甚至到了两国关系已十分紧张、战争一触即发的时候，反应迟钝的清政府还给日军实地侦察提供大量方便，对于到山东半岛"造访"的日军参谋次长川上操六，清政府还予以殷勤接待。李鸿章更是把这位来自东洋的变法倡导者视为知已，毫无保留地请他参观了军工厂、军事设施和军队的操练。在两国交战之时，仍有清政府官员为谋求个人私利置民族利益于不顾，为日本间谍提供情报或其他帮助。李鸿章的外甥、天津军械局总办张士珩为牟取暴利居然盗卖弹药给日本军队。李鸿章的儿子李经方也为了私利，竟然通过上海候补道张鸿禄向日本军队出售大米等粮食。李鸿章本人在处理日本间谍的问题上，则表现得十分迂腐。

◎甲午战争前日本间谍触角遍布中国

对清军抓获的间谍，李鸿章不仅没杀，还"宽宏大量"地发给他们路费，释放他们回国。

战前精心的情报侦察，使得日本放心而又大胆地发动了甲午战争。战争爆发后，早已把中国战力底牌摸得清清楚楚的日本人，几乎没有付出太多的代价就把号称"亚洲第一"的北洋舰队打得全军覆没。中国经历了这场惨败之后，自此陷入了苦难的深渊。大战之前的情报战的得失，无情地折射出了一场战争的胜负，乃至一个民族的命运。

◎李鸿章

从清朝政府到北洋政府再到国民政府时期，中国军队在对外作战中的情报战一直处于被动状态，在侦察作战中令人称道的战例几乎没有，这也是中国军队战斗力的一个缩影。一直到20世纪50年代初的朝鲜战争，这种状况才得到改观。

让我们把目光转向那个在世界战争史上最有名的村庄之一——上甘岭。这是朝鲜中部金化郡五圣山南麓一个只有十余户人家的小村庄，自1952年10月14日开始，经历一场激烈的争夺战后，这个小村庄开始被载入无数教科书，并在世界战争史上留下了浓重的一笔。

◎清军的军工厂

在这次令不可一世的美军能牢记五十年的战役进行之前，志愿军在战前侦察中也同样有着一段惊心动魄的故事，也正是因为这次成功的军事侦察，使得志愿军在美军到来之前就能做好充分的准备，在实力悬殊的阻击战中取得了辉煌的胜利，让上甘岭成了美军历史上的"伤肝岭"（Blooding Ridge，也有人翻译为"喋血岭"）。

◎北洋水师

1952年9月，志愿军总部根据种种迹象分析，美军近期极有可能发动较大规模的攻势。便一再提醒前线部队，防御美军对上甘岭的大规模进攻。志愿军某部驻地在五圣山、斗流峰、西方山一线，侦察连就驻扎在五圣山右边山沟里一个深约百米的山洞内。美军在洞前一个无名高地上专门设了一挺重机枪封锁附近的洞口，距离侦察连驻扎的这个洞口只有600米到700米。

很快，侦察连就接到一个重大任务：到对面美军阵地上抓一个"舌头"回来。据侦察连战士朱振国回忆，45师负责情报侦察的副师长有几句话到现在他还记得非常清楚，副师长说：同志们，你们是侦察员，在战争环境下，我只要求你们能侦察敌情，能抓俘虏，能当好领导的耳目。我命令你们在今天晚上就抓个俘虏给我，要美军士兵，现在种种迹象表明，美军会在这里有动作，但我们还有很多事情不清楚。

知识链接：

北洋舰队：1886年4月，北洋舰队举行第一次大会操，南洋舰队也派"南琛"、"南瑞"、"开济"三舰参加，一时军容壮盛气象一新。当时中国海军各舰队共拥有军舰78艘，总吨位83 900吨，实力曾一度名列世界第八(日本只列名第十六)。黄海海战时，北洋舰队的实力是：军舰总数是14艘，其中鱼雷艇4艘，铁甲舰6艘，重炮21门，轻炮141门，总排水量3.5万吨；而日本舰队的实力是：军舰总数12艘，铁甲舰1艘，半铁甲舰11艘，重炮20门，轻炮9门，总排水量4.1万吨，北洋舰队的优势是铁甲舰和重炮较多，其中定远、镇远两艘主力舰无论是装甲、吨位、火炮口径都是当时世界领先、远东一流的战舰。日本舰队的优势是舰速较快、机动性强。单纯从军力上看，中国舰队略占优势。

但是抓俘虏容易，要带回来可就难了。因为美军有个规律，如果晚上在一个小型阵地上交火了，枪响之后五分钟内他们自己人还没有撤回去的话，他们的炮火就会覆盖交火地区。所以如果侦察兵一旦和美军交上火而又不能在五分钟内完成任务安全撤回的话，他们将很难逃脱美军的炮火覆盖。为了确保完成任务，副师长还决定在炮弹非常匮乏的情况下给他们提供200发炮弹支援，并叮嘱他们，无线电小组一定要联络好，不能失误。

◎上甘岭战役中的志愿军侦察兵

当天晚上，侦察连派出两个小组到敌人的阵地上抓俘，其中一个小组在开阔地里吸引美军的注意力，另外一个小组具体执行抓俘任务。美军晚上有个特点：不断地打枪壮胆，遇到风吹草动，他们的枪声更是响个不停。这个小组对准美军阵地打了几枪，美军就开始猛烈还击，然后

◎上甘岭战役中的美国侦察兵

这个小组的子弹开始"偏离"目标，而美军的枪声则依然呼啸不停；而后面那个小组就迅速从旁边绕到美军阵地的后面，在两军枪声的"共同"掩护下，从几个美军的身后顺利地将他们制服，选了一个老兵拖下山，其余几个就用刺刀干掉了。而相邻阵地的美军对此竟然毫无察觉。

抓俘小组将俘虏抬上担架就往回跑，小组成员之一的朱振国马上用无线电联络炮火支援。霎时强大的炮火将美军阵地炸成一片火海，在炮火的掩护下，顺利地将俘虏抬进了洞。当晚翻译和俘虏对话后了解到，这个俘虏是一个重机枪老兵，其他情况不

肯多讲。为了得到有效的信息，连长决定再派一个排去敌后侦察，朱振国、赵义忠、杨杰组成的通信小组也在这个排。

这次敌后侦察过程真是一波三折。

第一天晚上侦察行动并没有达到目的。这天晚上一个排的侦察人员全部换上了美军军服，还带上翻译专门负责跟美军对话，以求能混进美军内部。他们在途中遭遇了美军的一个连，美军在军犬的狂吠声中发现了他们，然后朝他们疯狂地射击，排长身中5弹倒下了。副排长马上指挥全排拉开队形，组织全排火力向美军开火，短暂的交火之后全排人员抬着排长的遗体迅速撤退，剩下战场上没来得及撤离的美军让美军的炮火自己去解决。果然五分钟后，美军的炮火覆盖了双方刚才交火的地方，来不及撤退的美军就全部丧命在自己的炮火之下了。

第二天晚上他们的侦察开始有重要的发现。这一次侦察排穿的是李承晚军队的军服，继续深入敌后。因为头天晚上消灭了美军一个连，聪明又惜命的美军都龟缩着不敢出来，只是不断地打着冷枪壮胆。侦察排悄无声息地穿插到了美军后方，最后选择在一条小溪旁的乱草丛中隐蔽下来。这里离公路不远，是侦察敌情的好地方。副排长

◎李承晚伪军装束

成了新任排长，他对侦察排成员的任务做了明确的分工，观察、记录和画图等任务都由专人负责，朱振国的任务是用小型无线电向后方报告敌情。

敌后侦察随时可能被美军发现，所以侦察排白天的行动非常隐蔽。到了晚上，借助夜色的掩护，侦察排就可以放开手脚行动了。他们根据敌情，一会儿身穿美军军服，一会儿又换上李承晚伪军军服，甚至还可以在马路上"耀武扬威"地走一段，边走边听边观察，重点观察敌炮兵阵地的情况。美军的大炮在阵地上一字排开，大炮左边是炮弹箱，右边是炮弹壳，每个炮群有60门左右的大炮。

这天侦察排突然发现一下子过来三四辆小车，接着又是几辆，一共过了30几辆，小车开往的方向是被炮火早已炸毁的军事重地金化。不一会儿又发现一架直升机也在金化降落。于是侦察排立即用无线电将这个重要情况报告指挥所，后来证实这是美军和李承晚军队的高级将领到金化观察地形并策划下一步的进攻去了。

◎抗美援朝中国军功章正面和背面

到了第三天，侦察排决定近距离仔细查看美军炮群情况，于是就偷偷摸到美军一个哨岗，把炮群的位置全部摸得一清二楚。他们一共发现了6个炮群，总共有300多门大炮，看来美军很快就要进攻了。

侦察排在最后一天的收获最大。虽然侦察排将侦察到的消息源源不断地报告给了指挥机关，不过指挥机关最想要的是美军的进攻时间，但是想得到这种绝密情报似乎比登天还难。在最后一个晚上，侦察排查清美军的最后一个炮群后，美军的探照灯突然多了起来，这让侦察排感觉好像被包围了一样。但是探照灯也帮了侦察排的忙，他们借着灯光发现美军的一个摩托通信兵过来，排长派了两个人上去堵车。由于他们穿着李承晚伪军军服，摩托兵很快停了下来，他一停下，身手敏捷的侦察兵就把他给按住了，从他身上搜出所有的资料后想把他作为"舌头"带走，可是这个摩托兵却体现了美军身上少有的倔强，表示自己有宁死不当俘虏的决心，在那种情景下一向优待俘虏的志愿军战士只有成全了他。接着，侦察排带着搜到的资料躲在一块巨大的石头后面进行翻译，美军的进攻时间赫然在目——10月14日。这条关键的情报让十五军开始从容不迫地组织起了防御。此后几天里，十五军因为上甘岭一役而名动天下，朝鲜战场上的战局也因此而改写。

揭开神秘的面纱

军事侦察在军事行动中应用极为普遍，在战争中经常发挥着一剑封喉的作用，但是军事侦察毕竟不同于战场上真枪实弹地对抗，它总披着一层神秘的面纱，站在战场黑暗的角落里，不但民众对它知之甚少，就连很多军事专家也很难给它下一个确切的定义。

一般来说，军事侦察，简称侦察。自古以来都是敌对双方为了获取军事斗争的胜利，在准备向敌对的一方发起进攻之前，先通过各种方式打入敌人管辖的地区或敌人内部，探明敌方的实情内幕等活动，为实施正确的指挥和战胜对方提供参考依据。

中国对"侦察"一词的记载，最早见于《后汉书·乌桓鲜卑列传》："为汉侦察匈奴动静。"中国史书和兵书中用以表示侦察含义的有"斥"、"候"、"谍"、"察"、"相敌"、以及"刺"、"探"、"间"、"伺"、"觇"等词，后来的很多官职名称如刺史等都与此有关。

中国古兵法《武经要略正集》则如此写道："兵家之有踩探，犹人之身有耳目也，耳目不具则为废人，采探不设则为废军。"中国古代的军事家认为，不组织侦察的军队，如同耳目不完备的废人一般，在战场上就是一支没有任何作战能力的废军！

军事名著《孙子兵法》指出："故明君贤将，所以能动而胜人，成功出于众者，先知也。先知者，不可取于鬼神，不可像于事，不可验于度，必取于人，知敌情者也。"

孙武主张任何作战行动都必须预先知道战场上各方面的情况，这就必须派出侦察人员对敌情进行充分侦察，而不能依靠求神问卜和指挥员的主观臆断来把握敌情。

历代兵家都主张知彼知己、百战不殆。要想做到"知彼"，必须得对敌情进行充分的侦察。随着战争的发展，各国的军队里都出现了一些专职侦察敌情和执行突袭任务以及其他相关任务的勇士，这些人就是现在所说的侦察兵。侦察兵的概念和使命随着战争形态的变化也发生了重大的变化。

◎孙武

历史走到今天，社会分工也越来越细，这在军事侦察领域里表现也同样明显。当前，军事侦察按侦察对象的范畴可分为战略侦察、战役侦察和战术侦察；按军事侦察的活动空间可分为地面侦察、海上侦察、航空侦察、太空侦察、无线电侦察以及互联网侦察；按侦察方式主要分为三种类型：武装侦察、技术侦察和谍报侦察。在不同的历史阶段，它们发挥的作用也各不相同。从广义上说，参与侦察活动的人员都可以称为侦察兵，根据在侦察活动中使用的方式不同，侦察兵主要分为武装侦察兵、技术侦察兵和谍报人员（俗称间谍或特工）三类。在冷兵器时代，谍报侦察是军事侦察的主要形式，间谍的活动能力决定了侦察效果；在火器时代，三种方式使用都非常频繁，一场战争中经常是三种方式综合运用；在火器时代后期和以信息化为主要特点的高技术兵器时代，技术侦察则发挥了前所未有的作用，在最近几次战争中出尽风头。

硬币的两面

卓有成效的侦察，恰如剥去了敌人的伪装，撕掉了敌人赖以遮羞御寒的外衣，让其在玻璃房子里面"裸体跳舞"。在卷帙浩繁的战争史中，军事侦察如同一个硬币的两面，在硬币的一面，因为重视侦察，依靠准确的情报出奇制胜的战例数不胜数；而在这个硬币的另一面，忽视侦察，缺乏有效情报，被人当做"聋子"和"瞎子"痛打的，当然也不仅仅是一例二例。

当年的红军把军事侦察的威力发挥到了出神入化的境界，和对手在侦察的效果上形成了强烈的对比。中国共产党领导下的军队在建军初期，就建立了侦察组织，并在历次战争中发挥了重要作用。

在20世纪30年代初，中共中央在前苏联和国内培训的电讯人员被分派到各支主力红军中，他们结合学到的技术和获取的敌情，又结合打入国民党高层和特务机关内的钱壮飞等中共中央特科人员，拿到了国民党核心部门的一些密码本，以此破译出许多重要情报，并掌握了其编码规律。

因为能侦察到对方的电报情报，对电报情报泄密的危害有着深刻的体会，所以红军高度重视电报情报的保密问题，在电报情报的反侦察上做了大量的工作。当年红军电台工作人员有一条铁的纪律——人在密码在，人亡密码亡。遇到危急关头，他们首先要砸电台毁电码，机要人员必须毁掉一切机密，直至牺牲都不能泄露电台的秘密。国民党军队被红军成师、成旅地消灭时，却一再出现电台连同密码一同被俘获的现象，有的被俘机要人员受教育后参加了红军，成为红军情报侦察的又一重要力量。红军从1931年的第二次反"围剿"开始，便开始截获破译国民党军的电码，这使毛泽东、朱德等领导人在指挥反第二次、第三次"围剿"时对敌情了如指掌。

当时红军的侦察工作已经开始注重不同侦察方式和不同部队之间的配合了。长征开始后，红军的先头部队中，有一批侦察兵在抓"舌头"、化装探路时立下了大功，这类侦察一般都具有较高的战术价值，使红军能在频繁的战斗中较好地了解到敌人的实时动态，即便在万分危急的情况下仍能获得一定的准备时间，避免了更大的伤亡。但是在长征途中不间断地侦破国民党的密码，准确地把握到敌军高层计划和整体部署，才是红军的军事侦察工作最出色之处。国共双方的军队时时都在运动之中。由于当时国内没有建立有线电话网，蒋介石对国民党军各军、各师下达命令主要通过无线电报发送。此时，红军的电码破译活动达到了最高潮，国民党军队的电令大多数都能被红军截获，破译成功率几乎达到百分之百。例如红四方面军的电台台长宋侃夫，在红军内部的外号是"本子"，意思是他收到的国民党军电码，不用查对密码本，便能心中有数地把它的内容念出来，基本上不会有差错。

◎战斗在敌特心脏的钱壮飞

中央红军（一方面军）开始长征后的半年间，大部队白天行军，电台人员只好收起机器跟随行动，路上无法进行工作。但是红四方面军的电台还在川陕苏区的固定位置，于是四方面军的电台在白天负责截收敌台信号，并将其破译出来。天黑后，一方面军的电台到达宿营地，四方面军的

◎红军当年使用的电台

电台马上把截获内容发给一方面军。接着，一方面军的电台在夜间工作，截收国民党军夜间的电报通信，再将侦察到的情报发给四方面军。1935年秋天，红一方面军先期到达陕北，在电报侦察方面同四方面军相互配合的关系又有所改变。红四方面军从四川西部长征北上时，部队白天行军，电台停机，于是由一方面军的电台截收破译敌军

知识链接：

钱壮飞：生于1896年，浙江湖州人。1919年毕业于北京医科专门学校，1926年加入中国共产党。1929年底打入国民党中央组织部党务调查科，任调查科主任徐恩曾的机要秘书。在这个特殊岗位上，钱壮飞谨慎机智，不断为共产党获取大量重要情报。

1931年4月25日晚，正独自值班的钱壮飞一连收到武汉发给徐恩曾的特急密电六封，他当机立断拆译密电。原来，长期负责中共中央机关保卫工作的顾顺章在武汉被捕后叛变，要将在上海的中共中央机密全数供出。钱壮飞知道顾顺章也了解自己的情况，千钧一发之际，他不顾个人安危，及时将情况报告给党中央，冷静地通知中央机关有关同志尽快撤离。26日早晨，钱壮飞像平常一样，若无其事地把这些密电当面交给徐恩曾后，从容不迫地离开敌营。接到钱壮飞的情报，周恩来指挥在上海的中共中央各机关立刻采取行动，中共中央、江苏省委和共产国际远东局的机关立即全部转移。钱壮飞为保卫中共中央机关的安全作出了重大贡献。

随后，钱壮飞进入中央苏区，历任红一方面军保卫局长、中央革命军事委员会总参谋部第二局副局长等。1934年10月参加长征，1935年遵义会议后被任命为红军总政治部副秘书长。同年4月战死于贵州息烽一带，时年39岁。

宋侃夫：生于1910年，江西萍乡人。1925年加入中国共产主义青年团，同年转入中国共产党。后任中共杭州地委委员、上海法南区委秘书长和组织部长、鄂豫皖苏区军委参谋处处长。1935年随红四方面军参加长征。后任红军总司令部三局局长、红军西路军三局局长。抗日战争时期，任陕北公学中共党总支书记、延安大学秘书长。解放战争时期，任中原野战军十二纵队政治部副主任、江汉军区政治部副主任。建国后，任中共湖北省委常委、武汉市市长、中共武汉市委第一书记、湖北省委书记、全国总工会副主席。中国共产党第十二次全国代表大会上当选为中顾委委员。1991年4月4日在武汉逝世。

电码,到了晚上,再将情报内容通知四方面军的电台。一、四方面军相隔数千里仍保持着接力式的相互配合,形成了在战时侦察中"永不消失的电波",确保了在长征中几乎不间断、无遗漏地截收国民党军队的全部电报。负责电讯侦察的军委二局提供的一个个准确情报,帮助中央摆脱了危险。如湘江之战后国民党军在湘西设下口袋阵,一渡赤水后川军以三十多个团在长江南岸准备拦截,过大渡河前敌军在大树堡一带布有重兵等重大情报,都帮助毛泽东等领导人下决心迅速改变前进方向。

反观国民党方面,在侦察作战特别是无线电侦察战方面的效率就低多了。因此,在红军长征乃至整个中国革命战争中,虽然国共两党的军队实力差距悬殊,但是因为共产党对国民党军队的内情大都能细致掌握,这对于共产党军队来说就像"玻璃杯赌宝",对手的底牌尽在掌握,而国民党对共产党的行动却茫然不知。在国共两党之间进行的内战中,共产党碰到国民党左右总能赢,国民党遇见共产党横竖都是输,这应该是最重要的原因之一。

第二次世界大战中,一向在军事侦察中屡屡得手的美军也有马失前蹄的时候,他们在军事侦察中的失误为自己的军队带来了惨重的损失,并差点导致了美军在战略上的失败。1944年6月,在太平

◎在红军长征时期号称"本子"的宋侃夫

◎曾希圣

洋战场上，美军决心夺取比阿克岛。登陆前，美军指挥这次登陆作战的富勒少将根据有关资料，估计日军守敌约4000人，其中作战部队只占一半，至于守敌的详细情况，并不十分清楚。虽然后来美军的无线电破译人员曾截获日方加强该岛防御力量的命令，却没能弄清日军到底增加了多少兵力。富勒少将为加快新几里亚的攻势，依据这些不确切的情报，草草制定了作战计划。

然而在日本方面，日军已经从情报渠道得知了美军的作战意图，经多次增兵，守岛兵力已达11400人，飞机100多架。战斗打响后，美军遭到顽强抵抗，进攻速度十分缓慢。日军利用蜂窝状的洞穴，巧妙地组织防御，使美军进攻步步受阻，几乎陷于绝境。这时麦克阿瑟果断地解除了富勒的职务，临时抽调其他部队，大大加强了攻击力量，重新组织进攻。经过几个星期的血战，美军付出了伤亡2 700人，病倒7 000人的惨重代价，才攻占了该岛。不幸的是，美国人在琉璜岛战役中又重犯了类

◎美军在琉璜岛战役中损失惨重

似的错误。在火力准备前，美军还没有查明岛上的防御配系和工事构筑情况，指挥官斯普鲁恩斯上将就急切地下达了登陆战开始的命令。结果，登陆后的美军遭到日军节节抗击，进展如蜗牛，有时一天只能前进4米，伤亡剧增，使美军曾扬言"五天结束战斗"的这场登陆战，足足耗了36天才基本攻占全岛，还死伤了21 000多名士兵，占登陆部队的三分之一。美军侦察工作的缺失，使自己在战斗开始后遭到了日军的痛击，在军事行动中付出了惨重的代价才达到目的。

◎斯普鲁恩斯

知识链接：

军委二局：1932年初，随着红军中央革命根据地第三次反"围剿"的胜利，红军缴获了大量敌人的装备，包括多部无线电台。为此，红军中革军委决定将总参谋部执行侦听任务的侦察台从通信部门中分离出来，成立军委二局，专门执行无线电侦察任务。二局成立后，在局长曾希圣的领导下，侦听能力迅速提高，通过刻苦努力，多次破译了国民党军队多种版本的密电码，为红军反"围剿"提供了可靠情报。在中央红军长征前，中革军委二局基本上已经具备了破译国民党军队各类密电的能力，成为中共中央、中革军委的秘密武器。

曾希圣（1904—1968年）：湖南兴宁县人，1922年加入中国社会主义青年团，1924年考入黄埔军校。1927年大革命失败后加入中国共产党，被派往国民党军队任职，从事中共兵运工作。1930年，调汉口中共中央长江局军委任秘书长。同年冬，调上海中共中央军委任谍报科科长，曾获取了国民党第三次"围剿"中央苏区的军事计划。1931年冬进入江西中央苏区，任红军总司令部侦察科长。1932年参与创建中共中央军委二局(情报局)，任局长。他领导的二局，多次截获并破译国民党军队的无线电密码，为红军反"围剿"作战和长征的胜利作出了卓越贡献。周恩来称他为红军情报工作"创业的人"。

漫步在历史中的剑客

侦察兵走过的历史非常漫长。当不流血的政治无法解决人类由于贪婪而产生的纷争时，战争，这个以吞噬生命为快事的怪物就以一副狰狞的面目出场了。它的第一个杰作便是孕育出了一个以流血来制止流血的集团——军队。为了少流血，军队就必须不断合理而科学地优化自身内部的编组。侦察兵这个特殊兵种，就成为军队进化过程中的佼佼者，它就像一个一剑封喉的剑客，总能在万军之中给敌人致命一击。

早期的侦察行动，军事指挥员经常自己充当战争中的侦察兵，侦察的主要"工具"是军事指挥员自己的眼睛和耳朵，指挥员通过对战场形势的直接观察来判断敌情，所以至今人们仍把侦察兵比作军队的"耳目"。后来发展到派出专门人员到敌前沿或侧后进行侦察。中国古籍《左传》记载，在中国第一个朝代夏朝，王位传到第三代子孙少康时，已经开始从兴盛时期走向衰落。少康为了恢复夏制，曾派大臣女艾和自己的儿子季杼分别打入过、戈两国内部进行侦察，对这两个国家有了较为详细的了解后，在对手还没来得及作出像样的抵抗时就干净利落地将其消灭。

到了春秋战国时期，诸侯各国之间战乱频仍，相互进行侦察已是家常便饭。许多著名的将帅、谋臣甚至国君亲自上阵进行侦察，如赵国国君武灵王曾化装成使臣混入秦国侦察情况。许多著名军事家对军事侦察和侦察兵的地位和作用做出了精辟的论述，春秋时孙武所说的"知彼知己，百战不殆"，战国时孙膑所说的"不用间不胜"，都高度地概括了组织侦察、判断情况对于取得作战胜利的重要作用，并由此开创了此后两千多年里中国军事侦察的"繁荣"局面。

世界其他文明古国在战争中也不乏侦察史例。公元前1500多年，埃及国王图特摩斯一世登位后，就曾亲自率领军队去南方边境进行侦察。公元前58至前51年，古罗马G.J.恺撒大帝在高卢战争中，采取派出侦察部队、询问居民和审讯俘虏等手段，及时准确地掌握了敌方情况。但是，在封建社会时期，世界各国侦察技术和侦察手段的发展均较缓慢，军事侦察兵的专业素质要求并不太高。随着欧洲工业革命的兴起以及资本主义的发展和帝国主义的对外扩张，军事侦察开始进入了新的发展阶段。侦察兵的专业化水平大大提高，侦察领域大大扩展，侦察方式和方法更加多样。普法战争（1870—1871年）中，普鲁士就向法国境内派遣了经过专业训练的大批侦察人员，较准确地掌握了法军情况。从19世纪开始，热气球和飞艇开始用于军事侦察，从而开启了战争史上的航空侦察时代。1909年，人类第一次乘飞机拍摄了地面照片，飞机侦察这一新的侦察手段开始走上历史舞台。

第一次世界大战期间，在战争进行到第二个星期时，便意外地出

◎1870年，普法战争时，法军的侦察气球

◎侦察员就是这样干活儿的

现了一次空中侦察与反侦察的较量。1914年8月25日，由凯利中尉率领的英国皇家飞行队的三架侦察机，发现德国一架鸽式侦察机正在对法国的防线进行侦察，便立即包抄过去。虽然各自的飞机上都没有任何武器，可德国飞行员还是惊慌失措，最后不得不匆匆着陆，弃机而逃。三架英机也紧跟着降落，经过搜索没有发现德国飞行员，便一把火点燃了德机，然后又升上天空，得意洋洋地飞走了。这个戏剧性的小开端，预示着天空再也不可能一如既往地宁静，它很快就将成为实施军事侦察的重要战场。

知识链接：

高卢战争：公元前58至前51年，古罗马发动了征服山北高卢地区的战争。山北高卢又称外高卢，包括今天阿尔卑斯山以北、莱茵河以西，即今法国、卢森堡、比利时及荷兰、瑞士的一部分。居民成分复杂，主要是高卢人（克尔特人）和一部分日耳曼人。公元前58年，G.J.恺撒就任山南高卢（波河流域）总督后，奉行对外扩张政策。至公元前55年初，恺撒占领外高卢北部和中部全境。公元前53年，高卢爆发大规模起义，中部阿弗尔尼部落青年族长韦辛格托里克斯联合其他部落共同反抗罗马的入侵和暴政。恺撒频频派出间谍，采取分化瓦解、各个击破策略，最后将韦辛格托里克斯所率主力包围在阿莱西亚城（今法国第戎市西北）。起义军几次突围未成，终因断粮而失败。高卢战争使罗马获得面积两倍于意大利的肥沃土地和800多座城镇，恺撒个人则获得大量财富和政治资本，为其建立独裁统治奠定了基础。这场旷日持久的战争中，恺撒的军事侦察在整个战争中起了重要作用。

普法战争：普鲁士为了统一德国，在1864年及1866年先后击败了丹麦和奥地利，但法国却仍然在幕后操控着南德意志诸邦，阻碍德国统一。为此，在普鲁士首相俾斯麦的策动下，以西班牙王位继承问题制造争端，令法皇拿破仑三世对普宣战，普鲁士借此团结德意志民族，进攻法国。战争以法军在1870年8月2日于萨尔布吕肯地区向普军进攻为开端，在9月1日至2日，普法两军于色当进行决定性的大战，即色当会战。9月1日上午，普军占领了符里济、栋舍里等地，成功切断了法军西撤的道路，并从后堵截法军。而在当天中午，普军完成了对法军的合围，并以强大的火炮进行攻击。当日下午，在法军数次试图突围失败后，9月2日，拿破仑三世正式率8.3万官兵向普军投降。在这场战役中，法军损失12.4万人，普军只损失了9 000多人。普法战争中的战法和作战思想对现代战争产生了深远的影响，特别是在战争中对铁路和侦察兵的使用对后世的影响尤为巨大。

19世纪末和20世纪初，电子、航空等近代科学技术的出现和发展，促进了侦察技术的迅速发展，先后出现了无线电技术侦察、雷达侦察、航空器侦察和潜艇侦察等手段。

侦察兵既然能上天，入海自然也不在话下。20世纪以来，世界各国在搞好侦察兵陆上训练的同时，又纷纷把目光投向大海。于是，海上情报侦察船、侦察潜艇、海上"蛙人"部队等侦察部队应运而生。

◎ 早期的侦察飞机

第二次世界大战及其以后，各种侦察手段得到广泛运用和进一步发展，并出现了航天侦察和各种遥感侦察技术，使军事侦察发展到了一个新的水平。

在现代战争中，军事行动的节奏大大加快，军队的运筹决策、指挥协调、作战

◎ 凯利中尉画像

○ 蛙人

行动、后勤补给，乃至战局的最后胜负更加依赖于及时而又可靠的情报，侦察兵与侦察作战的地位和作用更加突出。侦察兵在新的历史时期出现了不同于以往的特征，面目更加令人难以辨认，各方面的素质前所未有地提高，优秀的侦察兵开始从捕俘和窃密的能手成长为学识渊博、心理素质过硬、生存能力超强的"全能战士"；侦察领域正在前所未有地拓展，从传统的地面侦察和空中侦察不断向海上、太空、无线电领域乃至虚拟空间扩展；侦察手段更加多样，借助高效的战术和先进的高科技装备，不但传统的武装侦察和谍报侦察焕发了新的活力，技术侦察随着科技的发展正在发挥着更加重要的作用，令人眼花缭乱的侦察作战样式不断呈现在人们面前。随着电子、光纤、遥感、激光、毫米波、红外等信息技术的惊人发展，新的信息工具、侦察装备不断问世，不仅扩大了未来战场信息采集的广度，而且将把侦察作战引向全方位的领域，推动侦察作战手段不断向高科技方向发展。

侦察兵这个古老的剑客在战场上随着历史车轮的前进不断变幻着自己手中的剑，剑在变，剑法也在变。

明天的侦察兵将被塑造成集陆上猛虎、浪里蛟龙、云中雄鹰、天外"神眼"、无形杀手等诸多特点于一身的全能型"剑客"的形象。

知识链接：

蛙人：所谓"蛙人"，就是担负着水下侦察、爆破和执行特殊作战任务的部队，因他们携带的装备中有形似青蛙脚形状的游泳工具，所以称之为"蛙人"。

运筹帷幄的"筹码"

运筹于帷幄之中，决胜于千里之外，是每一个军事指挥员梦寐以求的指挥境界。然而，实现这一切的前提是指挥员必须对战场形势准确把握，而对战场情况的把握，则是主要依靠训练有素的侦察兵们来提供及时、可靠的情报，唯有如此，军事指挥员才能在"帷幄"中"运筹"。侦察对于战争胜负有着举足轻重的地位和作用，使侦察兵历来都是众多将帅手中的重要筹码，没有它，威猛无比的战神将变成一个又瞎又聋的金刚，最后只能在对手肆无忌惮的攻击中倒下。

在战争史上没什么名气的澳大利亚人，之所以能被记住或许是源于一次著名的失败，这次失败的主要原因就是没有充分的战前侦察。第一次世界大战中，著名的加利波利战役在1915年4月25日打响了。加利波利半岛是欧洲在土耳其西南部的延伸部分，有96公里长，6—21公里宽。几乎是荒芜的多山狭长地带的加利波利，1915年时只有一条泥土公路纵贯全岛。协约国一方的指挥是澳新军团（澳大利亚和新西兰联军）的澳大利亚人威廉·伯德伍德将军，他受领了从加韦佩岬的西海岸上行19.2公里建立滩头阵地的任务。这位将军对那个生疏地区的全部地理知识，仅来自那张从书店里买到的过时地图，想当然地认为加利波利半岛的地形会和他家乡澳洲的海滩一样平坦。这个糊涂的指挥官万万没有想到，地图竟然和他开了个天大的玩笑。明明标的是1.6公里的海滩，实地却不足1.2公里，而且只有30米左右宽，两端被悬崖峭壁所阻塞。部队刚一登陆，众多的人员、牲畜、炮和补给品，就拥塞在这个狭窄的地方乱成一团，被居高临下的土耳其军队打得狼狈不堪，澳新军团几乎全军覆没。没有进行充分的战前侦察的指挥官伯德伍德，因为自己的失误不但致使澳新军团在这次战役中付出了惨重的代价，也让协约国在土耳其地区的局势一度非常被动。

在第二次世界大战中，战前侦察在战争中的作用更加明显。在太平洋战场上，几次重大战役的胜负都与情报侦察密切相关。在偷袭珍珠港一役中，日军之所以能大获全胜，战前侦察的成功是最重要的原因之一。

自从"二战"爆发以后，日本就把美国作为日军在太平洋和亚洲地区最主要的对手，日军情报部门也顺理成章地把对美国海军在太平洋地区的情报搜集工作作为重点，挑选大批精干人员以各种合法身份前往美国搜集情报。到1941年5月，这种情报侦察活动达到高峰，日本派往夏威夷的间谍多达两百余人，他们散落在夏威夷群岛的各个角落，全面搜集驻扎在珍珠港美军的各种情况。

◎1941年12月7日夏威夷时间7点55分，从日本机动部队的航空母舰上起飞的183架飞机，向美国海军在太平洋上最大的基地珍珠港发动偷袭。顷刻间，美国太平洋舰队几乎全军覆没

在这些人中，日本海军情报部的军官吉川猛夫表现最为突出。他在1940年5月接受派遣到夏威夷的任务。1941年3月吉川猛夫化名为森村正，以日本驻檀香山领事馆参赞的身份到达夏威夷。他以花花公子的形象成功地骗过了美国情报部门对他的反侦察，以观光和钓鱼为掩护详细地侦察了珍珠港的地形、水文、海底情况和美军海空基地的实力部署等情报，然后将所搜集到的情报整理后用外交密码发回日本国内。直到战争前夕，他的侦察活动一直没有停止。他给日军发回了极具战略价值的情报，例如美国海军在珍珠港的军舰停泊规律，美军飞机的机种、数量以及防空部署情况等。他在珍珠港的200多天里共发回117份情报，有的情报甚至直接为日军指明了打击目标。1941年12月6日晚7时23分，也就是日军联合舰队偷袭珍珠港的前12个小时，吉川猛夫发回了最后一份也是最有价值的情报："6日珍珠港停泊舰只情况如下：战列舰九艘，轻巡洋舰三艘，潜艇母舰三艘，驱逐舰十七艘。此外还有四艘巡洋舰和二艘驱逐舰进入船坞维修，航空母舰和重巡洋舰都不在港内，舰队航空兵没有进行航空侦察的迹象。目前尚无部署阻塞气球的迹象，而且很难想象会有此类器材，即使为了控制海面上空而使用气球，也是极其有限的。所以我认为对珍珠港及珍珠港各机场进行突然空袭，成功是十拿九稳的。"除了在夏威夷对珍珠港美军基地的侦察，日本海军还多次派遣海军军官化装成商人或水手，对北太平洋的商船航线和突击部队的航线进行了实地考察。1941年10月22日，日军派遣潜艇部队前岛寿英中佐、航空兵部队铃木英少佐、袖珍潜艇部队松尾敬宇中尉三人搭乘"大洋丸"号商船沿突击部队预定航线从横滨驶往火奴鲁鲁群岛，仔细搜集航线上的气象、海况、航道等情况，确保突击部队对预定航线的所有情况了如指掌。

日军战前卓有成效的军事侦察令日军联合舰队司令山本五十六几乎掌握了美军在珍珠港的所有底牌，这个拥有了足够筹码的超级赌徒终于放手发起了一次惊天偷袭，偷袭的成功一度让日军在太平洋战场上风光无限。

◎山本五十六

在新的技术条件下，战争形态发生了重大的变化，但是军事侦察和侦察兵的地位却有增无减。当前，各个军事强国都在不遗余力地加强侦察兵部队的建设。美军在21世纪的陆军建军方案中，把增强侦察能力作为最为优先考虑的内容之一。俄军继承了前苏联军队历来重视侦察兵的传统，它的侦察部队素以规模庞大、战斗力强、历史较悠久而著称于世。英、法、德、意、以等国军队非常重视侦察部队的建设，无论在人员、装备上，还是在整编训练方面，都倾注了大量的精力，力求本国的侦察兵能够成为未来战争中出奇制胜的筹码。

知识链接：

加利波利战役：在第一次世界大战爆发时的1915年4月25日，作为协约国一方的澳大利亚和新西兰组成的澳新军团受英国海军大臣丘吉尔指派，在没有做好充分准备的情况下在土耳其加利波利半岛登陆，进行了一次惨烈的战斗，数千名澳新军团士兵在那里阵亡。战后很多人认为这是英国在加利波利的冒险，这次失败是协约国马虎策划和错误判断的结果。

山本五十六（1884年4月4日—1943年4月18日）：日本帝国海军军官，第26任及27任日本联合舰队司令长官。在第二次世界大战中大胆地策划实施了震惊世界的"偷袭珍珠港"事件，创造了世界海战史上远距离偷袭的奇迹。1943年4月18日，山本五十六乘坐中型轰炸机到前线视察，在太平洋布干维尔岛上空遭到美军飞机的空中伏击身亡。战死时为海军大将军衔，死后被日本天皇追赠元帅称号。

第 2 章
剑锋是这样磨出来的

  如果说侦察兵是悬在对手头顶上的达摩克利斯之剑，那么武装侦察兵则是这把宝剑的剑锋。宝剑锋自磨砺出，只有铁骨般的身体素质、广博的知识背景、稳定的心理素质以及顽强的生存能力融合在一起的"特种钢"，才能铸就武装侦察兵这样的"全能战士"。

用血肉铸就钢筋铁骨

有人说，军事侦察是战争之前的战争，那么，侦察兵就是战士中的战士。在电视剧《士兵突击》中，A大队在军事对抗中展现出超人一等的作战能力让人既感到惊险刺激，又不禁为其拍案叫绝。在A大队人员选拔的过程中，就连空降兵出身的"27"号也会有这样的疑问：他们是不是在培养军中的"王军霞"？而在实战中，那些优秀的侦察兵所具备的素质与"许三多们"相比，只能是有过之而无不及。

超强的体能素质是武装侦察兵完成任务的先决条件。武装侦察兵要承担大量的作战科目，大多数情况下都是在艰苦的条件下执行艰巨的作战任务，必须承受异乎寻常的体力负荷。在执行武装侦察任务时，如果身体素质不好，不但会导致体力透支，同时会给心理注入消极因素，削弱其心理上对危险、紧张、复杂等强刺激因素的抵抗力，很难完成生存环境日益恶劣的战场上的侦察任务。以在国际上被称为"插在欧洲心脏上的尖刀"的德国KSK特种部队为例，这支部队中的侦察兵训练要完成的科目达20多项，主要有突袭战战术、跳伞、近战格斗、射击、爆破、驾驶(汽车、冲锋艇、汽艇)、急救、外语等，以及沙漠、热带丛林、极地等特殊地域的野外生存训练。为了确保这些科目能够顺利完成，他们在侦察兵挑选的过程中就对他们的体能做了严格的规定。这支部队选材面相当宽，德国其他部队的士兵、普通民众，以及愿意成为雇佣兵的他国精英分子都可申请加入该部队，但是每年都只有极少数申请者才能如愿。他们的侦察兵选拔过程一共需要15周的时间，分两个阶段进行。第一阶段是3周时间，测试项目有身体机能和体能测试，包括短跑、仰卧起坐、立定跳远、俯卧撑、12分钟跑(单项成绩不低于3分，总成绩不低于20分)，以及5个引体向上、15分钟游完500米、1分40秒完成标准障碍跑、跳塔楼和7公里负重越野跑。这一阶段的测试，只是为了检验申请者最基本的身体素质状况，也是第二阶段测试的热身。第二阶段12周，测试项目包括7公里全副武装越野跑、1周的野外生存能力测试、8周的突击队基本训练和3周的实战课。申请者每人要负重20公斤，只有少量食物，以10人为一组穿越德国黑森林的崇山峻岭。途中不仅要急行军，还要面临缺粮缺水、睡眠严重不足的极限考验。一般作战部队的士兵在这种考验面前绝大部分都会因为体力透支被淘汰，只有少数身体素质极为突出的申请者才能有资格成为精锐的侦察兵中的一员。

"爱尔纳·突击"国际侦察兵竞赛也是当前对国际上武装侦察兵素质的最好检阅机会之一，它为参赛队员定的标准也是当前各国对武装侦察兵素质的普遍要求。该比赛对参赛队员体能的要求是要在长达4天3夜近80个小时的时间里，在环境恶劣的原始

◎侦察兵技能训练

剑锋勇士 JIANFENGYONGSHI
32 侦察兵

◎侦察兵体能极限训练

森林中，携带30—35公斤的装备器材及生活用品，避开分布在各交通要道和必经之路的大量假设敌人的围追堵截，长途奔袭近200公里。中途还要分别进行攀登，划舟，埋雷，排雷，森林、沼泽地奔袭等14项技术科目的考核，期间只有不到3个小时的休息时间，竞赛者要高度警惕，不停地小跑着奔袭，体能消耗达到了极限，没有百炼成钢的体魄做基础，这样的任务根本无法完成。而举办方认为这只是一个合格的侦察兵必须具备的基础素质。

只有过关的侦察兵，才有资格走进生存环境空前恶劣的战场。美军陆战队侦察狙击组，是侦察兵中的精英，也是美军陆战队最精锐的力量，美军有人形容陆战队侦察狙击手为"魔狗"。这支侦察兵部队新成员的挑选过程，是对侦察兵的体能要求的最好诠释。目前，美军陆战队总兵力为21万人。然而，从中精挑细选的侦察狙击手一共才200名左右。他们的新成员挑选是极其严格的。一般来说，侦察狙击组首先在陆战营进行挑选。只有那些体质和各项技能优秀的士兵，才能获得陆战排负责人的推荐，成为合格的候选人。被推荐的士兵报到后，必须接受为期一周的极端劳累的入门测

◎参加国际"爱尔纳·突击"竞赛的侦察兵要不停地小跑着奔袭，体能消耗达到了极限

◎美军侦察狙击手

◎美军侦察狙击组

试。只有令人极端疲乏的考试通过之后才可以成为侦察狙击组的新学员，但这还只是迈出了第一步，随后他们还要接受长达10周的极为残酷的培训。据透露，能够在10周残酷培训中通过的学员极少，绝大多数学员都被淘汰出局。一般来说，在20名新学员中，最后只有3人能够顺利完成所有的考试。这些侦察狙击组中代号为"爆破手3"的美军陆战队第3侦察狙击组由于素质极高，有"猪牙"的荣誉称号。其成员索莱尔斯就说，那儿的训练根本就不把你当人，他曾进行过长达13周的残酷培训，每天训练时间长达20个小时。结果，培训结束的时候，他瘦了十多公斤。美军将这些海军陆战队的精英部署在作战环境最恶劣的地方，在阿富汗战场，美军陆战队部署了4个侦察狙击组。按美军一位将领的话说："只有这种最优秀的侦察兵才配到那种地方战斗。"

所以，说侦察兵的身体是由钢铁铸就的并不夸张。

用知识武装大脑

战争这一特殊的社会现象,本来就是一门融合各门学科知识于一身的怪物,战争的驾驭者、参与者应该是掌握了各类知识的"杂家"。在侦察兵领域,甚至有一种口号:"把自己培养成教授。"现代战争伴随着现代科技的进步而发展,日趋电子化、自动化、系统化。优秀的侦察兵必须具有与之相适应的现代科学技术知识和较高的文化素养。中国人民解放军的缔造者毛泽东有这样一句名言:"没有文化的军队是愚蠢的军队,而愚蠢的军队是不能战胜敌人的。"这句话用在侦察兵身上可能更为恰当。

渊博的学识在侦察与反侦察作战过程中经常会起到力挽狂澜的作用。

在前苏联卫国战争期间,有一天,苏军一支作战部队的司令部里,一个上级派来的工作组正在检查这支部队的作战计划,一个工作组成员在部队毕恭毕敬的接待中,显然找到了当上级领导的感觉,得意之中下意识地用手指敲击起桌面来。这连续的"笃笃"敲击声,立即引起一名精通乐理的苏军侦察参谋的警觉。他听出这是德军《胜利进行曲》的鼓点,顿时对这支工作组的真实性产生了怀疑,于是就将这一情况迅速报告了上级领导。苏军当机立断,扣留了这个工作组。所谓的工作组很快露出了原形。原来,这些自称工作组的人是前来骗取苏军作战计划的德军间谍,尽管他们在来到这支苏军部队之前做了精心的准备,但还是在不经意间被苏军的侦察参谋靠着音乐方面的知识给识破了。

侦察兵执行的任务比一般的"大头兵"要复杂得多,因而也要求他们比一般军人

具有更高的文化科学知识素养。例如，炸毁桥梁涉及到建筑学、爆破力学的知识，侦察河流涉及到水文知识，绘制侦察要图涉及地图学知识，如果在异国他乡作战，还得学会外语和民族语言，甚至还要有历史学和民俗学等社会学科方面的知识。数量众多学科的知识，很多情况下一个都不能少，这样才能一方面给侦察兵自身生存提供有利因素，为异地侦察提供有力的保障；另一方面也能得到更准确的情报，为本方指挥员定下正确的决策提供科学的依据。

在技术密集的现代化战场上，战场的透明度大大提高，军事侦察活动已经无法完全靠秘密作战与突然袭击取胜，行动方法必须有较强的"智能性"。这就要求侦察兵在执行任务时，必须能熟练使用各种技术含量很高的工具，如激光器、新式雷达传感器、计算机、无人驾驶飞行器以及各种复杂的网络设施等。在这种情况下，侦察兵的受教育程度将大大超过以往，只有这样才能够从事各种各样的特殊情报活动。例如，近年来美军在战场上频频出现的侦察兵往往都拥有硕士以上学位，他们的人员组合也更加合理。在伊拉克战争中潜入伊境内的美军特种侦察部队一般6人一组，每个成员都有某方面的突出特长，如炸药专家、通信专家、石油专家、心理学专家、气象学专家等。在保护伊拉克南部油田的任务中，不仅通过军事行动占领并保护了关键的油井设施，还通过贿赂，成功地说服一些伊军指挥官在撤退时不要点燃油井，从而使萨达姆命令炸毁伊南部石油设施的计划化为泡影。此外，美军之所以能顺利渡过幼发拉底河，也是由于特种侦察部队成功阻止了伊军炸坝和毁桥。

虽然一个人掌握的知识是有限的，但是对于侦察兵这个战斗群体而言，其中的每一个个体都可以各自成为语言专家、生物学专家、天文学专家、地理学专家、气象学专家，或是声学、光学等方面的专家。他们通过编组合理地组合成一个团队，就能成为一个无所不知的"智囊团"，依靠集体的力量在战场侦察活动中无往而不胜。

◎美军特种兵训练场景

练兵先修心

在血火飞溅的战争幕后,军事侦察与反侦察的较量是智力和勇气的激烈较量,侦察任务的特殊性要求合格的武装侦察兵必须具有稳定的心理素质和较强的判断能力。他们必须在与世隔绝的艰苦环境中,在扑朔迷离的复杂情况面前,在千钧一发的紧要关头,依然能够处变不惊,做到"胆大包天,心细如发"。在紧急时刻只有依靠镇定自若、坚韧无畏的心理素质,保持冷静清醒的头脑,才能萌发丰富的联想,做出迅速准确的判断,采取大胆果敢的行动,妥善解决各种棘手问题。

侦察兵经常在特殊的地区执行任务,不同地区的地理环境对人的心理影响极大。因此,侦察兵的心理素质必须非常过硬才能在任何时候、任何地区都可以圆满地完成任务。韩国海军陆战队训练中,为了训练侦察兵的胆量,经常会让队员晚上去火葬场守夜,甚至还要让他们晚上单独住在停尸间,抱着尸体入睡。他们还有一种胆量训练是拿活人当"靶子"进行射击训练,队员们穿上防弹衣后,让队友朝自己胸膛开枪射击,以此培养侦察兵面临死亡的勇气,经过这些项目培养的侦察兵,其心理素质和精神面貌经常会发生惊人的变化。

仅仅有胆量是远远不能满足对侦察兵心理素质的要求的,侦察兵的心理素质还必须足够的稳定。位于委内瑞拉的"猎人学校"是世界上训练要求最为严格的武装侦察兵培训基地之一。这个基地非常重视心理培训,其中有一项内容是要求受训者在进行完几十公里的武装越野之后,马上停下来,不经过任何调整就得屏住急促的呼吸将教

◎韩国海军陆战队的"兽营"训练,有效地锻炼了队员们的心理素质

官撒在地上的大米一粒一粒地捡起来放在手心里,一次只能捡起一粒,直到将一只碗放满为止,有的时候则是要长时间地做捡石子或穿针等看似无聊的事情来训练学员的定力。他们以此种别具特色的培训来塑造侦察兵稳定的心理素质。

　　侦察兵处变不惊的心理素质,不但能在非常危险的环境中有效地保存自己,顺利地完成侦察任务,而且还能有效打击敌人,进而为引导大部队消灭敌人赢得时间。2001年,阿富汗战争中塔利班主力部队被击溃之后,"基地"恐怖组织和塔利班残余武装就退居到阿富汗东部边境地区。这里山峦南北绵延,长达1000多公里,是藏身打游击的理想之地。在2004年前后,他们对驻阿富汗美军曾多次发起疯狂的袭击,美军死伤惨重。为此,美军陆战队在阿富汗东部边境山区派遣了最为精锐的海军陆战队侦察狙击组,专门负责侦察和寻找反美武装。一旦发现反美武装的行踪,陆战队侦察狙击组可以及时向陆战队报告反美武装的详细信息或者使用精良的武器予以消灭。

　　"爆破手3"作为最精锐的侦察狙击组之一很快被派驻到这一地区。"爆破手3"潜伏地区丛林密布,气候恶劣,蚊蝇肆虐,盗匪经常出没。他们的潜伏点离巴基斯坦只有20公里,在潜伏过程中一旦打草惊蛇,就可能使反美武装人员逃入巴基斯坦境

◎韩国海军陆战队的"兽营"训练,有效地锻炼了队员们的心理素质

内,所以他们要完成侦察和狙击任务,必须要有足够的耐心。有一次狙击组在美军的萨莱诺前沿基地附近,潜伏了多天之后仍然一无所获,但他们还是以足够的耐心等待目标的出现,这时忽然看到前方大约1000米的山脊上有三个人在活动。那些人拿着望远镜不停地东张西望,不时向远处的美军基地观望。他们一会儿相互打着手势比划着什么,一会儿又拿起手机开始与人通话。几分钟之后,靠近巴基斯坦边境的地方忽然飞来了火箭弹,火箭弹直向美军萨莱诺基地呼啸而去。狙击组迅速判定,这些人就是为反美武装的火箭弹引导目标的武装侦察兵,美军基地马上就要遭殃了。侦察狙击组本来想就地消灭他们,可惜,狙击步枪难以打得那么远。于是他们立即将反美武装侦察兵的详细位置和人员数量等信息报告给基地美军快速反应部队。于是,快速反应部队根据侦察狙击组的位置报告,派出了几架"黑鹰"直升机迅速出动,直扑反美武装活动阵地。反美武

◎"猎人学校"侦察兵训练基地实战演习

装发现空中直升机后，顾不上为火箭弹指示目标，立即四处躲藏，消失得无影无踪，萨莱诺基地避免了一次更大的炮火之灾。

在此后不久的另外一次潜伏行动中，"爆破手3"与另一侦察狙击组"爆破手2"共8名队员一起潜伏侦察。8名成员突然遭遇了从密林中冒出来的30名反美武装人员，双方随即展开激烈枪战。反美武装动用了许多武器，包括机枪、火箭筒和迫击炮等。然而，侦察狙击组成员并没有慌乱，他们一方面沉着地组织反击，一方面向上级报告敌人的数量和方位等信息。在激战中他们先后击毙18名反美武装人

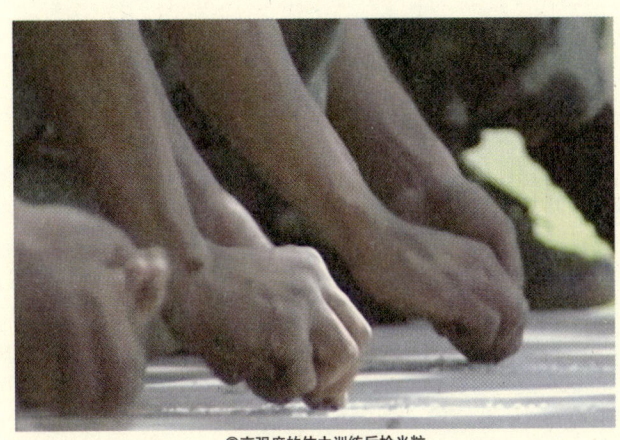

◎高强度的体力训练后捡米粒

◎美国海军陆战队侦察狙击组经常能把情况及时地汇报给美军基地快速反应部队，后者会迅速派出"黑鹰"直升机迅速打击恐怖分子

员，而自己却没有一人死伤。美军增援部队很快赶到，剩余的反美武装被打得四处溃逃。在阿富汗的多次战斗中，侦察狙击组依靠自己过硬的军事素质和处变不惊的心理素质沉重地打击了反美武装，在与对手的武装侦察兵对抗中更是处于绝对的优势。

◎ "黑鹰" 直升机

知识链接：

"黑鹰"直升机：美国UH-60式"黑鹰"直升机是由西科斯基公司设计生产，它是一种可执行多种任务的通用、战术、运输直升机。改进型"黑鹰"直升机还可执行指挥与控制、电子战以及特种作战任务。与其所替代的UH-1直升机相比，"黑鹰"直升机的人员和货物运输能力大幅度提高，因而增强了陆军的整体机动性。在绝大多数气候条件下，一架"黑鹰"直升机可以更快地运送11名全副武装的士兵。"黑鹰"直升机一次即可运输一门105mm榴弹炮、6名乘员及30发炮弹。"黑鹰"直升机的关键部件和系统都有装甲，而且其机体设计在碰撞时逐步压碎，以保护机组人员和乘客。

猎人学校：委内瑞拉境内一所闻名世界的特种兵培训中心，始建于20世纪80年代初。该校环境艰苦，训练手段残酷，教官数量不多，强调培训质量。

该校建立的初衷是提高委内瑞拉陆海空侦察分队的训练水平，打击国内各种黑恶势力，保护国民生命安全。由于猎人学校训练强度大、水准高，世界各国纷纷选派少量官兵前往该校参加强化训练。世界各国特种兵每年在这里要举行一次国际反恐怖强化集训。各国勇士们将在此接受生存与死亡的考验、肉体与精神的折磨、心理与生理的抗争，其残酷与悲壮、痛苦与惨烈超乎想象。

做生存的适者

适者生存是战场上绝对的法则。对于侦察兵而言,"为了胜利而生存"并不是一句空洞的动员口号。侦察兵作战的地域无所不包,在执行任务的过程中不但要面临险象环生的自然环境,更要面对守备严密而又穷凶极恶的敌人。要在艰苦的环境中完成侦察任务,必须顽强地生存下去。

"猎人学校"的训练以贴近实战著称,侦察兵的生存能力在这里得到了最真实的考验。他们对学员的忍耐力要求极高,每天训练都是对人的生理和心理极限的一个挑战,每次对抗都是生与死的考验。它选择学员的过程可以说就是一种魔鬼选拔,时间是15天,要求队员在这15天时间里必须完成40种不同长度的行军、越障、跳崖、运输弹药、救护伤员等20多个高难度训练。每天早上学员的起床信号并不是军人非常熟悉的哨音和号声,而是清晨突然出现在学员床头的瓦斯爆炸声,训练期间不准休息,不能喝水,每天训练长达20多个小时,一天最多只能睡三个小时,全天训练结束后,学员的食物只是可怜的一个小小的玉米团,少得可怜的晚餐按照规定必须在半分钟内吃完。除此之外,学员还必须忍受身体和心理的折磨。侦察兵经常会面临被俘遭到严刑拷打的危险,为了锻炼学员对酷刑的忍耐力,教官经常会在"俘虏"到学员后,将他们倒吊起来向鼻腔和口腔里灌水或者灌粪,放下"俘虏"之后还要加上拳打脚踢乃至用皮带抽打,有时候还要再"加餐":将其"活埋"!身体的折磨之后,还会再来一番心灵的炼狱。教官通常会逼着学员做一些令人非常屈辱的事情,比如钻他们的裤

◎特种侦察兵必须具备超强的忍耐力

◎特种侦察兵必须要克服种种障碍

裆，忍受他们的辱骂讥讽等。他们通过这种训练来培养队员超乎寻常的顽强意志和求生欲望，使他们能够忍耐任何险境。只有通过这些考验的学员才能在这个学校接受下一步的训练。

别出心裁的生存技巧是侦察兵在艰苦环境下生存的关键。为了在艰苦环境中生存，仅仅能够忍耐是不够的，侦察兵还必须善假于物，充分利用身边的一切可用资源在自己弹尽粮绝的时候维系生存。中国海军陆战队的两栖侦察兵，被称为海军陆战队的"队中之队"，在训练和未来作战中要担负潜入敌岛侦察、突击等重要使命。对他们来说，忍耐只是前提，在艰苦的环境中还必

◎中国特种侦察兵训练

◎中国海军陆战队两栖侦察兵敌后渗透

须要有吃、住、走、打、藏等基本能力。在野外生存训练中，每人每天只有三两米、半两盐，要完成高强度训练所需的体能补充，只有靠自己想办法解决。没有过硬的野外生存技巧，不但不能完成侦察任务，连在战场上生存的资格都没有。

武装侦察兵在陌生凶险的环境中，在现代化的定位仪器不能使用的情况下，必须能够根据星辰日月、江河流向、洼地干湿等自然景象判定方向；还得学会在冰天雪地和茂密丛林中安全栖身；必须学会在戈壁沙漠中寻找水源，必须学会识别野生植物能否食用，甚至还得学会生吞蛇、虫、鸟、鱼等技能；必须学会防治在野外生存中常见的伤病，在受伤之后能够迅速恢复，保持旺盛的战斗力。特殊情况下，侦察兵甚至还得呼唤着、逼迫着人的"野性"复归，用人类最原始的本能，征服险象环生的环境，千方百计完成武装侦察任务。

○中国特种侦察兵训练

○中国特种侦察兵训练

第3章
多爪章鱼

　　侦察兵总能在各种情况下从不同的角度和方位，以不同的方式侵入敌人内部，获取自己一方想要的情报。就如同一个多爪的软体章鱼一样，总能挤进很小的缝隙，伸出自己的爪子，去获取自己想要的东西。即便是一个爪子被剁了，还有其他爪子伸出，并且很快就会再生出新的爪子来。总之，一定会有爪子可用。随着科技的发展，军事侦察的领域前所未有地扩展，从多维空间进行的军事侦察，将使高技术条件下的军事斗争变得更加扑朔迷离。

不可取代的经典——地面侦察

地面侦察是最传统也是最有效的侦察方式之一。人类社会最初的侦察活动就是从地面开始的，它也必将贯穿整个战争活动的全程。它主要由武装侦察分队、无线电技术侦察分队、谍报站、特种作战分队、两栖侦察部队、边防观察哨、雷达观测站、边防情报站、遥感侦察站等多种力量协同实施。地面侦察的主要手段有观察、潜听、搜索、火力侦察、捕俘和审讯、秘密侦察、战场技术侦察等。地面侦察中最具特色的方式是审讯和捕俘，这也是获取情报效率最高的侦察方式之一。随着战争形态的变化和科技的进步，地面侦察所运用的装备也发生了巨大的变化，传统的望远镜等装备正在逐渐被更先进的探测器材所替代。现代战争中，地面侦察装备主要包括装甲侦察车、战场雷达、地面传感侦察系统和无人地面侦察车等。这些侦察装备可与海、空、天、电、网络等空间的侦察设备相联，构成多维立体战场侦察体系，及时为地面部队提供准确的战场态势和目标信息。

前几年曾经有一种很高的呼声认为：随着海上侦察技术、航空侦察技术、卫星侦察技术以及无线电侦察技术和网络侦察技术的不断发展，地面侦察将会逐步退出历史舞台！但是最近的几次战争表明，尽管现代战争中高技术武器装备层出不穷，侦察兵的触角早已经伸到遥远的太空和深不可测的海底，但地面侦察的地位仍不可替代。地面侦察在完成传统的侦察任务的同时，不断肩负起了新的使命。

早在第五次中东战争中，以色列在入侵巴勒斯坦之前，就先向美国人求助，想通过美国的卫星对巴解组织的军事实力有一个大体的了解。但是美国人通过卫星侦察得来的图片告诉以色列人，巴勒斯坦解放组织只有80辆坦克，和阿拉伯人有多次交手经验的以色列人并没有完全相信美国人的卫星，而是最后通过地面人力侦察进行了核实，发现巴解组织的坦克竟有500辆，大相径庭的两个数据使情报专家大吃一惊，直呼空间侦察替代不了地面侦察。即使到了科索沃战争期间，美国一位退役上将也不无感慨地说："我们拥有非常先进的技术手段，但不是最好的技术手段，最好的手段就是两只眼睛。"他所说的"两只眼睛"，其实就是指在地面进行的人力侦察。而"最好"，就是指侦察的准确度最高。

在以空袭样式为主要形态的科索沃战争中，北约军队采取的主要打击形式是"超视距之外打击"、"点穴式打击"、"通知式轰炸"等外科手术式的精确打击，在空袭之前必须有精确的情报做引导才能进行。为了侦察到准确的情报，以美国为首的北约集团，动用了近50颗侦察、通信、气象等卫星，还动用了U-2等多种侦察机及各种先进的无人驾驶侦察机，组成了一个现代化的、高中低层次配备的高科技的战场侦察系统。但是，高技术侦察手段在复杂地形条件、不良气候环境下难以发挥作用，暴露出了许多弱点。前南联盟位于迪拉纳山脉和斯塔拉山脉交汇处，濒临亚得里亚海，地形

◎ "山猫"侦察装甲车，主要用来执行战斗侦察任务

◎最近研制的更值得注意的侦察车辆之一是美国通用动力公司地面系统分公司的"侦察、监视和目标截获车辆"。这是为美国海军陆战队研制的一种可空运的装甲平台，不仅非常紧凑而且装有桅杆安装式传感器组件，并采用混合电传动系统

复杂，植被覆盖率高，复杂的山地和茂密的森林降低了高技术侦察装备的效果。巴尔干半岛上空厚厚的乌云和持续的阴雨雾天使得北约低轨道的照相侦察卫星获得的图片清晰度明显降低，航空拍照的效果也不理想，北约先后进行了五轮狂轰滥炸都没有得到预想的效果。

在前五轮空袭受挫后，北约不得不重新拾起地面侦察这个传统的法宝。于是，他们精心组织战区内外的侦察活动。组织大量谍报人员以记者、学生、国际组织工作人员等合法身份为掩护，使用望远镜、照相机、个人GPS系统、激光指示装置等器材，运用抵近观察、拍照等手段，重新对空袭目标进行精确测量与定位，对战损情况进行判定评估。同时，以

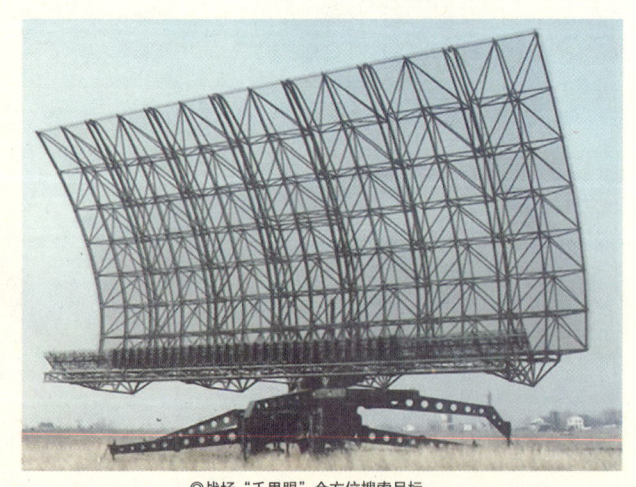

◎战场"千里眼"全方位搜索目标

美、英、法等国特种兵组成的侦察突击队，四五个人一组，携带先进的通信设备，连续潜入科索沃境内，秘密对南联盟军队的兵力部署和重武器配置进行抵近侦察。科索沃战争中北约军队中被捕的三名美军士兵（这也是整场战争中北约所有的作战人员损失）就属于侦察突击队的成员。科索沃战争中，北约军队向南联盟派出的间谍人员多达400多人，被南联盟破获的由澳大利亚人普拉特领导的"凯尔国际"组织就是打着人道主义组织旗号的间谍组织。北约的军队还多次利用科索沃解放军为其提供情报。地面侦察力量的渗透侦察，较好地弥补了高技术侦察手段的不足。自空袭第二阶段开始，打击效果明显提高。以美国为首的北约集团，在高技术战争中仍然大量使用最为常见的人力侦察手段足以说明：集高技术为一体的空、天、电以及网络侦察虽具有短、平、快、广的优长，但它在复杂地形和不良天候条件下仍然显现出不足之处，在战场侦察中仍然留下了死角，这也只能由独具实、近、准等特点的地面人力侦察才能弥补。高技术战争中的"外科手术式打击"和他们追求的"零伤亡"、"减少附带伤亡"等目标，在可以预见的未来里，仍然离不开地面人力侦察。

到了阿富汗战争中，负责地面侦察的特种作战部队在配合空中打击方面，同样发挥了极其重要的作用。它的最主要任务就是为空中打击行动搜集情报。为了对塔利班和"基地"组织的活动情况进行严密监测，美特种侦察部队在阿境内布设了一种"变色龙"式的监测设备。这种设备的外表和颜色与当地的环境非常相似，连发送天线也设计得与枯树枝一样，一般人很难识别出来。为了给飞机指示地面目标，地面侦察部队还使用一种名为"陆地勇士"的手提电脑。特种侦察部队在使用这种电脑时，将主

◎无人地面侦察车能轻松越过树丛、岩石、围墙、树桩和垄沟高速行进

机挂在胸前，再将电脑连接到一个头戴式显示器。头戴式显示器像眼镜一样挂在眼睛上，通过头戴式显示器可以观察战场上的情况。即使在夜间和零能见度情况下也能看清战场上的目标，并随时将目标情况传送给空中作战飞机，飞机在空中打击时的命中精度由此大大提高。

伊拉克战争似乎更能说明这样一个问题：海上、空中、太空、无线电和网络侦

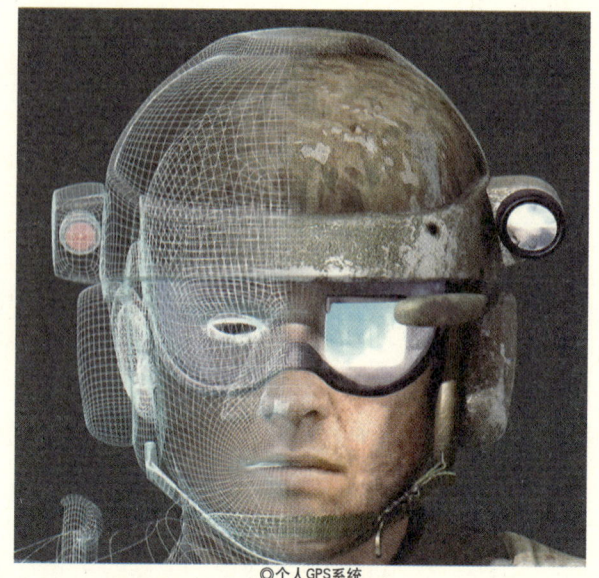

◎个人GPS系统

◎ 美特种侦察部队装备的头戴式显示器

◎ 新版美陆军"陆地勇士"系统（近图特写）

察在对付敌军化整为零的小股调动、固定目标伪装和配合城市作战方面存在的明显缺陷，也需要地面人力侦察手段来进行弥补。在伊拉克战争中，美军先头情报分队、美中央情报局发挥了重要作用。在美军一路北上途中，双方夺桥战斗时有发生。但很少见到伊军在美军到达之前炸断桥梁阻敌前进的报道，看到更多的是关于美军拆除桥下预置炸药的消息。主要原因就是美军的先头情报侦察分队在夺桥战中发挥了显著作用，他们往往借助先进的夜视装备，趁夜间深入伊军后方，对伊军进行侦察，并及时拆除安置在重要目标上的炸药。而美军在2003年3月20日的"斩首行动"就是根据美中央情报局提供的情报进行的，中央情报局通过地面侦察提供的情报还帮助美军"海豹"突击队传奇般地营救出了被伊军俘虏的女兵杰西卡·林奇。

目前，23个北约成员国开始联手发展一个总投资33亿欧元的"联盟地面侦察系统"。这个系统的骨干部分由4架空客A321、4架UAV无人机和陆基车载设备组成，该系统主要用于地面侦察，但也能够在反恐、地面搜救、救灾、边境控制管理等民用领域发挥作用，可全天候工作。按照北约的时间表，该系统于2007年开始进入设计研发阶段，2009年开始工程建造，2014年投产使用。传统的地面侦察，在新的历史时期，将被赋予新的内涵，焕发出新的活力。

◎美军"陆地勇士"系统

愈演愈烈的水中较量——海上侦察

最初的海上侦察主要由携带了侦察设备的水面舰艇在水面以上进行，但是随着潜艇技术的发展，水下侦察也成为海上侦察的重要形式。水下侦察主要指通过各种方式深入到敌方海岸、基地和防御纵深内的海区实施侦察。侦察潜艇是水下侦察的主要力量，因其活动时间长，自给力强，能够对敌进行长时间的监视与侦察，而且受气象条件影响小而备受各国欢迎。

为了有效地实施海上侦察，很多国家建造了专门担负海上侦察任务的军事海洋测量船或海洋监视船。军事海洋测量船一般都能够完成海洋环境要素探测、海洋军事学科调查和特定海洋参数测量，可以测量到包括海底地形地貌、海洋重力、海流等在内的海洋环境情报。根据任务不同，可分为综合测量船、水声探测船、海洋地质勘测船、电子侦察船等，它们的侦察功能都非常强大。以经常在中国黄海、东海海域活动的美军"鲍迪奇"号测量船为例，该船于20世纪90年代正式服役并经过多次现代化改装，船长100.1米，采用柴电推进方式，满载排水量5 000吨，船员25人，情报分析人员30余人。其主要探测设备包括多波束测深仪、声纳、深水地震海底地质构造测绘系统和即时导航系统等。另外，它还配备有直升机悬停区和小型医院。它的收放设备包括3部多用途起重机和5部绞车，具有极强的海洋军事情报搜集能力。监视船主要执行全球海洋监视任务，运用拖曳阵式传感器监视系统，可对水下活动的潜艇自动辨别和存档，它们是各国水上侦察力量建设的重点。目前，仅美国海军一家就有20余艘海洋监视船在服役。

◎普韦布洛号船长布克离开审讯室

在海上的侦察与反侦察的对抗历来都很激烈。一些军事大国为了更加隐蔽地侦察对方的军事实力及战略动向，均有针对性地打着科学研究的旗号向特定海域派出为数众多的海洋调查船、海洋监视船甚至核动力潜艇等海上侦察力量来搜集他国情报。

越战时期，在靠近朝鲜的日本海海面，就发生了一起因为海上侦察而引起的军事冲突。

1968年1月23日中午时分，美军"普韦布洛"号无线电侦察船正在靠近朝鲜一侧的日本海上侦察朝鲜的无线电报。突然，船长布克接到报告，说一艘朝鲜猎潜艇正快速逼近，他当即赶到信号台。这时，从电台的国际航海通用频率中传来了朝鲜猎潜艇的询问："你们是什么国家的船只？"布克连忙下令

◎美军"普韦布洛"号无线电侦察船

◎美海军电子情报侦察船"玛丽·西尔斯"号

◎美国间谍船"鲍迪奇"号

升起美国国旗表明身份。此时,又有4艘朝鲜鱼雷快艇急速赶到。猎潜艇接着又发出"立即停船,否则就要开火"的要求,"普韦布洛"号迅速回复说:"我是一艘海洋科学考察船,正在执行考察作业。"这时,朝鲜的米格战斗机也出现了,并在"普韦布洛"号上空盘旋。朝方接着要求:"你船必须马上跟随我船靠岸检查!"但傲慢的布克并没有理会朝鲜人,而是指挥船只逃跑。由于遭到朝鲜鱼雷艇的拦截,逃跑速度极慢,朝鲜鱼雷艇一边拦截一边用舰炮向"普韦布洛"号射击,并在射击过程中打死一名船员。布克看到逃脱已经无望,只好下令破坏船上的电子设备,销毁机密文件。于是,船员们一边手忙脚乱地用斧子等物对着先进的电子仪器一阵乱砍,一边用打火机点火焚烧机密文件,实在来不及处理的干脆直接丢到海里。

朝鲜舰艇立即组织武装人员和10多名水兵登上"普韦布洛"号,结果发现船上只有小部分设备和文件被破坏,大量有价值的航海日志和无线电情报等重要文件均完好无损。

"普韦布洛"号落入朝鲜之手的消息震惊了整个美国。美国立即使出其惯用的武力威胁手段,将轰炸机和F-4、F-105等数百架战斗机调到韩国乌山和群山等空军基地。但是美国只是恫吓而已,因为正深陷越南战争泥潭,没有足够的机动兵力与朝鲜

◎美海军海洋调查船"约翰·麦科唐纳"号

◎美海军双体水声监听船"忠诚"号

一战。在发表谴责声明后,美国主动提议谈判解决"普韦布洛"号事件,朝鲜顺势接受,和美国开始了历时近一年的马拉松式谈判。失去了武力恫吓的法宝,美国在谈判桌上节节败退,最后完全接受了朝鲜方面提出的"3A"条件,即Acknowledge(承认错误)、Apologize(谢罪道歉)、Assure(保证不再发生此类事件),"普韦布洛"号事件到此画上了句号。

近年来,中美围绕着军事测量船进行的侦察与反侦察活动时有发生。2002年9月,美军"鲍迪奇"号测量船闯入中国黄海专属经济区海域从事监听、侦察等间谍行为。中国海军及海监部门的舰艇和飞机至少实施了6次"拦截"和"尾随监视",数次发出信号要求美舰停止作业并立刻离开这一海域。但是,"鲍迪奇"号竟然置之不理。实际上"鲍迪奇"号当时正在距离中国海岸约60海里的海域进行海底地形绘图,同时用拖曳式声纳实施水下监听作业。在多次警告无效后,一艘正在附近海面上作业的中国渔船碰巧撞上了"鲍迪奇"号的拖曳式声纳,并将声纳上的水下听音器撞飞。监听不成的"鲍迪奇"号只好离开了黄海海域,驶回设在日本的基地进行维修。据中国海监部门统计,这次监视与反监视的"斗争"长达23天。

水面侦察船犹如浮动在海面的情报站,通常情况下目标过大,容易遭受敌方攻击或拦截,因而促使先进的水下侦察潜艇得到迅速的发展。

1982年9月的一天，美国西海岸的渔民用拖网在水下捕捞到了一条大"鲸鱼"。奇怪的是，这条"鲸鱼"的力气显然超过了一般的鲸鱼，19米长的美国渔船竟被拖着以极快的速度"倒行"，渔民们被突如其来的意外吓得惊慌失措。过了20多分钟，只听得"咔嚓"一声巨响，拖网被撕开了一个大口子，碗口粗的缆绳也断了，这条"鲸鱼"便一下子潜入了海底，再也没有了踪影。后来美国海军立即对这件事进行调查，发现在拖网上粘有许多灰色的油漆，根据渔民的描述，他们判断出这不是什么"鲸鱼"，而是一艘侦察美国西部核潜艇基地的前苏联的间谍侦察潜艇。

仅仅一个月后，瑞典通讯社报道了这样一条令世人瞩目的新闻："一艘不明国籍的潜艇正在瑞典水域进行活动，现在军方已封锁住了出海口，对其进行猎潜……"很显然，又有一条大"鲸鱼"跑到北欧水域来活动了。很快，瑞典海军用拖船和"海狗"潜艇封闭了整个海湾。并派出装有反潜声纳器的打捞船和反潜直升机对水中的"鲸鱼"进行高密度的不间断搜索，甚至还向"鲸鱼"可能潜藏的地方投掷了十几颗重磅深水炸弹。然而，这艘苏制侦察潜艇不知使用了什么脱身妙法，早就溜之大吉了。

事后，瑞典军方通过对这艘侦察潜艇留在海底的痕迹照片、录制下来的水下马达声响等进行分析，推断出这是前苏联的一种叫做"海底坦克"的微型间谍潜艇。

◎ "海底坦克"微型间谍潜艇

◎ "灰鲸"号侦察潜艇装备有自动推进气垫船

这种"海底坦克"侦察潜艇全长25米，排水量为40至80吨。它的潜水深度能达100米，水下航速为6—7节(每小时11—13公里)，通常可在水下进行连续12个昼夜的间谍侦察活动。潜艇的乘员舱内可容纳4—7人，另外还可乘载8名执行专门任务的潜水员。"海底坦克"侦察潜艇装备有先进的导航仪、电子干扰器和无线电侦察设备等，并配备有鱼雷发射管、反舰导弹、沉底水雷等武器装备。它主要用来进行无线电侦察、电子干扰、布雷，以及用鱼雷、反舰导弹攻击敌舰艇，同时还可派遣潜水员出艇执行特别侦察任务、排除水下障碍和为大型舰艇开辟水下航道。它所起到的作用和陆地上的坦克有诸多相似之处，被人们形象地叫做"海底坦克"。

与前苏联的侦察潜艇相比，美国的侦察潜艇在性能上有过之而无不及。以美国较大型的"灰鲸"号侦察潜艇为例，它可容纳60名乘员，装备有自动推进气垫船，可将侦察人员送至岸上。这些侦察人员带有小型火箭推进器，当他们上岸后遇到险恶地形时，只要将这种火箭推进器背在身上，然后发动推进器，便能使人轻而易举地跨越沟壑、河流和障碍物，顺利完成侦察任务。

2005年2月19日，美国海军在康涅狄格州的新伦敦港举行盛大仪式，在美国前总统吉米·卡特的亲自主持下，美国海军以其名字命名的"吉米·卡特"号核潜艇正式服役。美国海军对"吉米·卡特"号核潜艇的任务讳莫如深，只是后来一位议员在无意间透露，"吉米·卡特"号(SSN-23)核潜艇是美国的第三艘"海狼"级攻击型核潜艇，它的主要任务是窃听国际海底光缆通信。该艇为窃听海底光缆量身定做了多任务平台，搭载有最先进的电子侦察设备，可在水下搜集情报，包括对重要目标进行侦察监视和窃听海底光缆通信，因此成为美国国家安全局最理想的"水下间谍"。在正式服役后，"吉米·卡特"号核潜艇监听的目标是太平洋及地中海的光缆网，监听的位置将会在日本、中国和新加坡之间以及欧洲和中东之间。

德国也研制了侦察潜艇，它所制成的"双人超微型"侦察潜艇采用玻璃纤维材料制作，身小体轻，非常便于隐蔽。这种侦察潜艇全长仅5.3米，重1 550公斤，潜水深度35米，能连续潜水工作6.5个小时，因而被称为"袖珍"侦察潜艇。"袖珍"侦察潜艇主要用来对敌方重要的海军基地、港口、桥梁、舰艇等目标进行侦察和监视，而且还可以担负水下巡逻、观察，以及施放水雷、防御敌舰和潜艇的入侵等多种任务。

随着科技的发展，新一代侦察潜艇将陆续问世，它们不仅具有航速高、潜深大、噪音低、寿命长等特点，而且还向多功能、智能化、无人化方向发展。目前，在世界各地的风平浪静的海洋深处，约有1 000多艘像幽灵一样的侦察潜艇在到处游荡和窥

◎ "吉米·卡特"号潜艇的完工时间为2003年2月19日，是"海狼"级攻击型核潜艇的第三艘。该艇的母港在班戈，其任务包括：打击敌方的潜艇和水面舰艇、搜集情报以及运送特种部队等

◎ "双人超微型"侦察潜艇

视。在这些水下游动的"幽灵"中，既有核动力潜艇，也有普通动力潜艇。它们不但能够灵活地潜至别国的沿海港口进行间谍侦察，布放各种水下窃听装置，而且还能向水面和水下的舰船与潜艇突然发起猛烈攻击。未来平静的海面之下，高新技术武装下的水下间谍侦察战将会愈演愈烈。

知识链接：

　　海狼级攻击型核潜艇：美国海军为在21世纪保持其核动力攻击型潜艇的优势，从20世纪80年代中期就开始研制替代洛杉矶级的SSN-21型海狼级新式攻击型潜艇。海狼级潜艇于1989年开始首艇建造，1998年开始装备美海军。该级艇原计划建造30艘，总开支达360亿美元，用于对付前苏联的大洋深水潜艇的威胁。然而由于冷战的结束，近年美海军新战略的出台，促使美国政府改变了原计划，确定只建造3艘深海型海狼级潜艇，转而研制适于在沿岸浅海水域作战的、可用于执行多种作战任务、对付地区性冲突的新型核动力攻击潜艇。

推陈出新的百年老兵——航空侦察

自从热气球和飞艇出现之后，它们就被用于军事领域，主要作用是载上军事人员到敌人阵地上空实行侦察任务。1900年，德国人齐柏林发明了具有现代意义的飞艇；1903年，美国人莱特兄弟将飞机正式送上了天，这些新型的航空器的发明标志着现代航空技术逐渐开始起步。他们发明这些具有现代意义的飞行器最初都是出于造福人类的目的，然而航空技术刚刚出现的时候并没有能够造福于人类，反倒是为人类的自相残杀服务。它很快催生了一种新的军事侦察手段：航空侦察。

第一次世界大战前夕，侦察航空兵作为专门从事侦察的兵种就已正式形成，主要担负战术侦察任务。美、法、英、俄、德、意等国在陆军中组建飞机连、航空营或军事航空

◎飞艇也曾经是航拍的载体之一，但是"二战"以前艇体加注的多为氢气，安全性就成了大问题。图为失事的飞艇"兴登堡"号

◎1914年德国制造的LE3侦察机,机翼完全仿鸟翼

◎1914年法国制造的X1侦察机,拱型机翼

队,装备飞机、飞艇和气球等飞行器,进行侦察和校正炮兵射击等任务。大战初期,一名英国军官在飞机上用普通照相机拍摄了德国占领区的照片,给军事行动提供了确切的情报,从而引起了人们对航空侦察的重视。为了满足战争的需要,当时很快就诞生了专用的航空照相机,这种先进的装备很快就发挥了重要的作用。

　　法国军队在战事紧张时,每晚显影、洗印照片多达一万多张,而德国军队每周都大量使用航空侦察摄影,仅德军每周就要对西部战线重新拍摄一遍,它在整个战争期间就使用过两千多台航空侦察照相机,其他参战国更是不计成本地大量使用这种新型的相机。第二次世界大战期间,侦察机和机载侦察设备不断改进,侦察航空兵成为执行战术、战役和战略侦察任务的主要力量。第二次世界大战结束以后,随着侦察卫星等航天侦察装备的问世,以有人驾驶侦察机为主的航空侦察装备在空中侦察中的主导地位受到冲击,但航空侦察具有时效性强、机动灵活等特点,不仅能在短时间内同时发现大量的

◎现代侦察机：英国猎迷多用途侦察飞机

◎RF-5E"虎眼"战术侦察飞机

◎黑鸟侦察机

各种目标，向各级指挥官提供实时的战场情报信息，而且还可对目标进行跟踪识别，直至目标被摧毁，这些特点使太空侦察并不能代替航空侦察。当前，航空侦察装备取得了长足的发展，战术侦察飞机、高空战略侦察飞机、电子侦察飞机、无人驾驶遥控侦察飞机、背着会旋转的"大圆盘"飞行的预警机等不断推陈出新并投入战场使用；而在早期军事侦察中使用过的气球、飞艇，又重返蓝天，大有东山再起之势，航空侦察在世界范围内得到了巨大的发展，在高技术局部战争中发挥着越来越大的作用，对作战胜负产生着巨大的影响。围绕侦察与反侦察，各军事强国在空中展开了反复的角逐。

最有名的航空侦察高手非U-2侦察机莫属。

U-2侦察机，绰号"黑间谍小姐"，是由美国洛克希德·马丁公司研制的单发高空战略侦察机，在以前可以用来侦察敌方后方的各个战略目标，如今仍可作为战术侦察机使用。U-2飞机最活跃的时期是20世纪50年代和60年代。

冷战时期，它曾经被美国作为秘密武器，用来执行间谍飞行任务，侦察前苏联和其他国家的后方纵深目标。在当时，由于U-2飞机的飞行高度可达20 000米以上，地面高射炮拿它根本没有任何办法，而其他战斗机也无法飞到这一高度，因此该飞机经常深入其他国家领空，肆无忌惮地进行间谍活动。U-2侦察机几十年来征战全球，曾侦察过前苏联、中国、越南等国家，可以说是功勋卓著，但是也有十几架在他国的领空被击落。冷战时期，根据U-2侦察到的情报，美国人惊讶地发现，实际上前苏联的远程轰炸机数量是十分有限的，以前的数字是被夸大了。在此之前的数次红场阅兵中，前苏联用他们手中仅有的十几架远程轰炸机重复通过红场上空，让美国误以为前苏联的远程轰炸机数量已经远远超过了美国，至少拥有100架"米亚-4"重型喷气轰炸机。但U-2侦察机带回的照片证实这些判断是完全错误的，大大缓解了美国对于前苏联军事实力的恐惧情绪。

"鲍尔斯事件"后，美国停止了U-2侦察机对前苏联地区的飞越侦察活动，U-2侦察机的身影开始频繁出现在拉丁美洲和亚洲远东地区。1961年4月，U-2侦察机多次对古巴进行侦察，为即将进行的推翻卡斯特罗政权的军事行动做准备。"猪湾入侵"失败后，U-2侦察机每个月都要对古巴进行一次侦察。到了1962年的春天，中央情报局获得了前苏联在古巴活动增多的报告，U-2对古巴的侦察增加到每月至少两次。侦察情报显示，古巴得到了越来越多的"萨姆"防空导弹，致使对古巴的侦察也变得越来越危险。

◎ EP-3型电子侦察机

◎全球鹰无人侦察机

1962年10月14日，理查德·海泽尔少校驾驶U-2发现前苏联在古巴开始部署中程弹道导弹，由此拉开了后来差点导致第三次世界大战的"古巴导弹危机"的序幕。在U-2侦察机提供的导弹照片和美国强大的军事压力面前，前苏联终于从古巴撤出了弹道导弹。从某种意义上说，U-2侦察机成了挽救世界的"救星"。按照美国人自己的说法，如果让前苏联在美国的"后院"部署弹道导弹成功，接下来解决问题的方法恐怕就只有战争了。经过这番折腾，U-2侦察机更是名声大噪。爱尔兰一个乐队还以U-2作为他们乐队的名字，一直红到了今天。

U-2侦察机曾一度停止生产，到后来又利用U-2R重新发展成为TR-1侦察机。U-2R飞机曾参加了1991年的海湾战争，不过，已经被当做战术侦察机使用。

继U-2之后，洛克希德臭鼬鼠工厂的著名设计师凯利·约翰逊（Kelly Johnson）设计的SR-71"黑鸟"侦察机成为战略侦察机的又一个明星。SR-71在1964年12月22日首次试飞，并在1966年1月进入加州比尔空军基地的第4200战略侦察联队（后番号改为第9战略侦察联队）服役，在当时采用了大量的新技术。SR-71不但是第一种拥有隐形功能的飞机，更能以3马赫的高速躲避敌机与防空导弹的攻击。SR-71共建造了32架，没有被击落的记录。 1990年1月26日，由于国防预算的降低与高昂的维护费用，美国空军将SR-71退役，但在1995年又重新服役，并于1997年展开飞行任务，1998年SR-71永久退役。

20世纪60年代以后，无人侦察机投入实战使用，在历次局部战争中都有出色的表现，因此越来越受到重视。近年来发展更快，大有取代有人驾驶侦察机的趋势。

无人侦察机具有体积小、造价低、无人员伤亡以及隐身性能好等优点，通常被部署在战线前沿，可飞临敌方防御最严密的地区进行侦察与监视。当代最先进的无人侦察机是美国的蒂尔Ⅲ"暗星"无人侦察机，它是一种采用先进技术独特外形设计的隐身无人机，由美国洛克希德马丁公司和波音公司联合研制，1996年3月29日在美国加利福尼亚州爱德华空军基地进行首次试飞。"暗星"无人机外形像带有机翼的飞碟，这种外形可以避免反射雷达信号，使敌方雷达无法看到飞机，飞机表面还涂有一层吸收雷达波的材料，机上有一台可预先对航线编程的导航计算机，计算机利用全球定位系统卫星发出的信息对自身做精确的定位。"暗星"无人机装有各种先进的侦察设备，在不良的气象条件下也能执行侦察监视任务，飞机的航程可达4 000公里以上，并可以从世界上几乎任何地方借助卫星传送电子静止图像。

◎猪湾入侵

◎U-2R

◎TR-1侦察机

◎SR-71黑鸟侦察机

预警机也是航空侦察的重要力量,它已经突破了传统意义上的航空侦察的范畴,赋予了航空平台新的含义。预警机全称为"机载预警和控制系统"(AWACS),当前普通的预警机已经能够全方位跟踪400公里范围内几百个空中目标,在近几场局部战争中发挥了重要作用。

　　"联合星"(E-8C)是预警机中最典型的代表,也是最先进的航空侦察平台之一。E-8C全称是"联合监视目标跟踪雷达系统"(JSTARS),能够探测像伊拉克南部那么大的地区的地面上运动和静止的目标、慢速飞行的固定翼和旋转翼飞机以及战区导弹防御系统目标,提供近于实时的运动和静止目标的监视和瞄准数据,使战场指挥员能够迅速做出决策并交由部队马上执行。

知识链接:

　　鲍尔斯事件:1960年5月1日,一架从巴基斯坦白沙瓦附近机场起飞的U-2侦察机被前苏联防空军的SA-2防空导弹在斯维尔德洛夫斯克击落,飞行员加里·鲍尔斯被俘。有资料显示该飞机被击落的主要原因是它的高度表在飞行之前就被人做了手脚,致使该机飞行员鲍尔斯在错误的高度上飞行才被前苏联的防空导弹击落。

　　猪湾入侵:1959年,卡斯特罗领导的古巴新政府成立后,美国政府担心距本国海岸只有100多公里的古巴将成为苏联威胁美国的桥头堡,便指示中央情报局秘密训练古巴流亡分子,准备打回古巴去。1961年4月17日黎明时分,美国中央情报局开始实施"猫鼬行动"计划。1400名古巴流亡分子从美国迈阿密的中央情报局秘密训练基地出发,跨海来到古巴首都哈瓦那以南的猪湾登陆,试图制造内乱,推翻卡斯特罗政府。然而,"猫鼬行动"以惨败而告终。古巴流亡分子的登陆艇因频频触礁而倾覆,美国中央情报局许诺的空中支援根本就不见踪影,保障登陆的补给船要么被古巴空军击沉,要么早就逃之夭夭了。72个小时后,古巴流亡分子弹尽粮绝,只好投降。在这一事件中,共有114名古巴流亡分子被击毙,1189人被俘。这就是古美关系史上著名的"猪湾入侵"事件。

神通广大的"天眼"——卫星侦察

侦察卫星如同游荡在太空的"天眼",不但侦察范围广,不受国界和地理条件限制,而且侦察速度极快,大部分侦察卫星已经能够每天绕行地球20圈以上。侦察卫星主要包括照相侦察、电子侦察、导弹预警和海洋监视四类专业侦察卫星,以及其他一些能够辅助侦察的全球定位卫星、气象观测卫星和测地卫星等。目前悬挂在太空的侦察卫星侦察精度非常高,很多卫星甚至已经能分辨出马路上的汽车的车牌号码。由于现在人类还无力对卫星的活动进行有效的限制,使得它成为世界上独一无二的具有公开身份的"间谍"。目前侦察卫星已成为一些大国军方的重要军事情报来源和作战指挥系统的重要组成部分。侦察卫星家族中兄弟众多,目前主要有照相侦察卫星、电子侦察卫星、军事成像卫星、导弹预警卫星、海洋监视卫星和核爆炸探测卫星等。其中照相侦察卫星数量最多,约占卫星总数的一半左右,它们的轨道一般都不一样,近地点均在300公里以下,在拍照时,有的甚至还能降低到离地球不足150公里的轨道。

侦察卫星刚刚出道就一举成名。1958年,美国和前苏联在一次谈判中互不相让,赫鲁晓夫咆哮着说要割除西柏林这块"毒瘤",甚至警告美国当时的总统肯尼迪:现在前苏联在东欧已经部署了数百枚带有核弹头的洲际导弹,如果美国再不让步,战争将不可避免,将要有几亿人死亡,肯尼迪将是美国的最后一任总统。美国惊恐之余,紧急调派卫星侦察,发现前苏联只不过有14枚带有核弹头的洲际导弹,而不是想象中的400枚,并由肯尼迪将美国"发现者"号拍摄到的清晰的洲际导弹照片展示给赫鲁晓夫。不可一

◎间谍卫星眼里的世界1

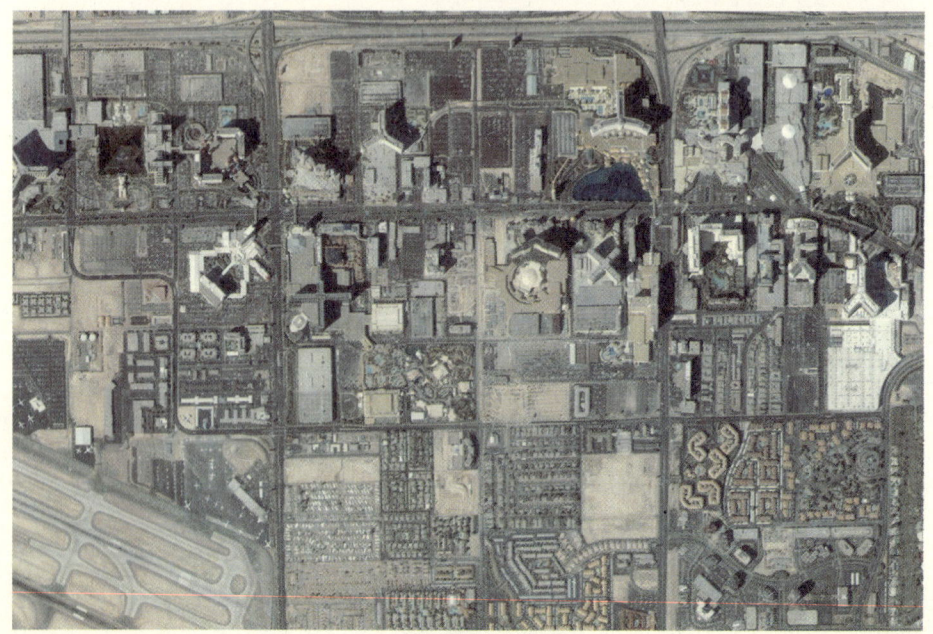

◎间谍卫星眼里的世界2

世的赫鲁晓夫一下子像一个泄了气的皮球,终于低下了高昂的头颅,美国在这一次的大国角力中占据了上风。经过此次事件,全世界的人开始知道卫星的威力。

1973年第四次中东战争期间,埃及、叙利亚先发制人,势不可挡。紧急关头,美国"大鸟"卫星发现在提烟萨湖和大苦湖之间,埃及的两个军出现了一个10公里的间隙。并马上把这一情报告诉了以色列。于是沙龙率部偷袭苏伊士运河,一举扭转战局。

1982年,英阿马岛之战爆发。美国动用24颗海洋侦察卫星为英国提供情报;前苏联动用37颗卫星为阿根廷提供情报。结果,英国的潜艇利用美国的卫星情报击沉了阿根廷的巡洋舰;阿根廷的飞机利用前苏联的卫星情报击沉了英军的驱逐舰。

冷战时期,美国国家侦察办公室的KH-7间谍卫星被美国情报界誉为"太空中的来复枪",因为它可以瞄准一个目标,并送回精确的照片。此后,国家侦察办公室又发射了KH-8卫星,其分辨率已经达到了20厘米。

海湾战争期间,美国及多国部队在外层空间用于侦察的军事卫星就有37颗,另外还有美国的部分民用通信和遥感卫星也在为多国部队服务。其中,海湾地区美军独家使用的侦察卫星就有5种类型共18颗,这些卫星在外层空间构成了庞大的卫星监视网,及时地掌握了伊军调动、部署变化和对伊空袭战果情况,向多国部队提供了准确可靠的情报。其中,以美国"锁眼-11"侦察卫星最为抢眼,它及时传回了伊拉克军队入侵科威特的最新照片,使得美军在战事发生20小时内就发出了战备命令。战争爆发后,在海湾上空300—600公里的空间轨道上运行的美国间谍卫星,还为"爱国者"拦截"飞毛腿"提供了准确的情报,使得伊拉克的看家本领"飞毛腿"导弹威力大减。

◎美国发射KH-7。KH-7间谍卫星是冷战时期美国情报能力的标志,被美国情报部门誉为"太空中的来复枪",因为它可以瞄准一个目标,并送回精确的照片,它也是美国空军在太空侦察领域取得的首次成功,美国由此进入高清晰卫星照片时代

◎正在发射被称为"太空中的来复枪"的KH-7

"9·11"事件之后，美国政府在打击阿富汗塔利班政权和基地组织的过程中，也大量地使用了卫星侦察手段。2001年10月5日，国家侦察办公室在加利福尼亚州范登堡空军基地发射了一颗型号为KH-11侦察卫星。这颗卫星在320公里的高空轨道上，利用新型数码相机所摄取的图像可以分辨出10厘米大小的地面物体，它密切监视塔利班政权的据点、车辆和火炮的动向，为打击恐怖主义活动提供了大量准确的信息。最令美国引以为荣的是这颗卫星截获了"基地老三"哈立德·谢赫的电话，美军据此将这个"9·11"恐怖袭击的幕后主谋逮了个正着。

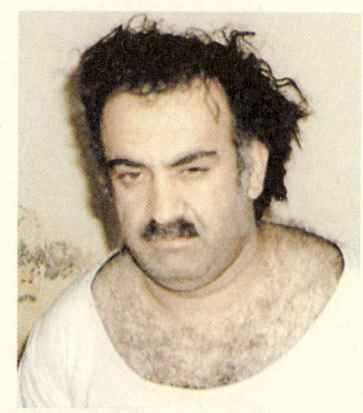

◎基地组织主犯哈立德·谢赫

目前，这些游荡在太空的"天眼"已经构成空间侦察监视、空间卫星通信、空间导航定位和空间气象服务等四大系统，时刻注视着地面上的一举一动。

◎美国"锁眼"侦察卫星。它拍摄的胶片装在返回舱内，弹离卫星后进入太平洋上空的大气层，然后打开降落伞，由C-119运输机在空中回收

天网恢恢——无线电侦察

随着无线电技术的发展，在战场上看不见摸不着的无线电空间被称为除了陆、海、空、天之外的"第五维战场"，而在这个"战场"上进行的无线电技术侦察则被称为"第五维侦察空间"。无线电技术侦察是指使用无线电技术设备，截收敌方发射的各种无线电信号，从中获取情报的措施。它在战略侦察、战役侦察和战术侦察中均可广泛运用。它的主要方式有无线电侦听、无线电侦收和无线电测向三大类。其中，无线电侦听是指对敌方的无线电通话进行截听；而无线电侦收的目标则是敌方的无线电电报、电传、电视和传真等图像信号；无线电测向则是通过专用设备对敌方的无线电发射机进行定位，继而掌握敌方重要目标的位置。自从无线电技术在军事领域中得到运用以来，无线电技术侦察就成为了最重要的侦察手段之一，它如同一个无形的天网一样笼罩在敌方的头顶，在战场上多次起到扭转乾坤的作用。

早在20世纪初，无线电技术侦察在战场上就开始初露锋芒。1905年5月，日本和沙皇俄国在对马海峡爆发了著名的日本海大战。战争伊始，日军舰队在实力上并不占优势，战场形势也一度处于不利地位。但是日方听从了无线电专家的建议，在战争开始不久就开展了频繁的无线电侦察，严密监视俄国舰队的通信，并结合商船侦察报告，比较全面地掌握了俄军舰队下一步的航行路线和作战计划。随后，俄国舰队一出动航行总会遭到埋伏在附近海面的日舰的猛烈炮击。与此同时，俄军的无线电通信还会莫名其妙地中断或者在通话中出现强烈的杂音，这实际上是日军以无线电干扰的手

段在破坏俄军的无线电通信，使俄舰队失去了相互间的联系，陷入一片混乱之中。日本舰队在这次海战中大获全胜，为它以后最终将沙俄势力驱逐出中国东北进而称霸东北亚打下了基础。

在无线电侦察中曾经占尽便宜的日军也有被人算计的一天。第二次世界大战时期，无线电技术侦察的作用得到了进一步发挥。在中途岛大战之前，美军的无线电侦察部队便成功地截获并破译了日军的密码电报，获悉了日军准备秘密进攻中途岛的计划。美军在中途岛附近海域设下陷阱，将前来意欲制造第二个"珍珠港"事件的日本海军主力一网打尽，日本海军从此丧失了战略进攻能力，太平洋战场的天平开始向美军方面倾斜。1943年，美军又是通过无线电侦察得知日本海军司令山本五十六要乘飞机到前线视察部队，并准确地侦知了山本座机的航线和飞行时间，在空中对这位日军的灵魂人物进行了疯狂的追杀，最终将其一举击毙。日军的战力和士气都遭到了致命打击，由此开始走向溃败。

◎日俄日本海大战

◎美军飞机上的无线电装置起着很大的作用

◎1943年，美军P-38编队击毙了日本海军联合舰队总司令山本五十六

北非战事开始后的相当长一段时间内，德军名将"沙漠之狐"隆美尔可谓春风得意。他曾率领数量仅及英军三分之一的装甲部队，打得英军节节败退。这位名将的成败也与无线电侦察有着密切的关系，甚至可以说他是"成也无线电，败也无线电"。隆美尔之所以在北非战场上开局漂亮并在战争开始后能取得辉煌战果，除了他过人的军事才华之外，还在于他拥有英军所不知道的一双神秘的"耳朵"，这就是德军的无线电侦察手段。正是借助这双神秘而又灵敏的"耳朵"，他才能在瞬息万变的战场上，不放过英军方面的任何风吹草动，迅速地捕捉到战机，牢牢地把握住战争的主动权。隆美尔的这双"耳朵"的一只是他的第7无线电情报大队，它总是能在第一时间把战场上瞬息万变的情况报告到隆美尔的指挥所；具有讽刺意味的是，隆美尔的另外一只"耳朵"则是使用无线电通信的美国驻埃及大使馆，他们在无线电通信中所使用的"黑

◎艾尔温·隆美尔(Elwin Rommel)(1891年11月15日－1944年10月14日)，前纳粹德国陆军元帅，著名军事家，纳粹德国将领，在"二战"非洲战场中获得"沙漠之狐"的美誉

密"密码被德军成功破译，在相当长一段时间内，美国驻埃及大使馆的所有对外无线电联络都处于德军的监听之下，这样，美国驻埃及大使馆无意间成了隆美尔了解盟军方面动向的另外一只"耳朵"。通过这只"耳朵"，隆美尔准确地掌握了北非盟军的主要动向。

知识链接：

隆美尔链接：埃尔温·隆美尔(1891—1944年)，出生在德国南部海登姆市一个中学校长家庭。1910年中学毕业后从军，入但泽皇家军官候补学校学习。第一次世界大战期间任连长，先后获得3枚十字勋章。第二次世界大战爆发后，隆美尔作为德国最高统帅部的指挥官之一，受到希特勒的器重。1940年5月至6月间，在德军闪击西欧的侵略战争中，隆美尔指挥装甲第7师冲在最前面，先克比利时，接着是阿拉斯、索姆，最后直捣法国西海岸，被法国人称之为"魔鬼之师"。1941年2月，希特勒又任命隆美尔为"德国非洲军"军长，他在北非以弱势兵力将盟军打得节节败退，赢得了"沙漠之狐"的美名，并被晋升为元帅。

◎在北非战场上，德军非常注重无线电侦察技术的运用，图为德军维修班在抢修无线电设备

然而对隆美尔来说不幸的事情很快发生了。正当德军即将夺取北非战场全面胜利的关键时刻，形势开始陡转直下。原来，"沙漠之狐"的一双"耳朵"被意外地"打聋"了。1942年初，在一次战斗中，德军第7无线电情报大队在转移中意外地被英军全部歼灭。从此"沙漠之狐"只剩下了一只"耳朵"，他对盟军的主要情报来源只能依靠破译美国驻埃及使馆与华盛顿的无线电电文内容了。

事隔不久，更糟糕的事情接踵而至。只是这一次，隆美尔怪不得别人，使"沙漠之狐"彻底"失聪"的是德国人自己。1942年7月，德国国家广播电台在播放一篇宣传稿时，为了鼓舞军心士气，竟然大夸特夸起了德军无线电侦察机构，将德军情报机构"巧妙"地截获盟军从开罗发出的情报，以及隆美尔如何运用这些情报给盟军以沉重打击的光辉"战绩"悉数抖露了出来，并以此来嘲笑挖苦盟军的愚昧无能。时刻关注德国广播电台新闻的盟军对这条新闻高度重视，迅速查实情况后轻而易举地掐断了德军的这个情报来源。德国广播电台的愚蠢报道，葬送了德军无线电侦察人员花费数年的心血，让隆美尔真正成了"聋没耳"。失去了"耳朵"的"沙漠之狐"再也没有了狐的灵性，从此开始在北非战场上处处被动挨打，最终狼狈逃出北非，从而使轴心集团在欧洲失去了南大门的屏障。后来，隆美尔一直到服毒自杀之前都对德国电台的"蠢猪"播音员大骂不已，但是，无线电侦察战失败导致的战役溃败却再也无法挽回。

第二次世界大战之后，无线电技术侦察大国之间的情报侦察战继续发挥着巨大的作用。从20世纪60年代起，克格勃就在其第一总局驻外间谍机构设立无线电截收站，专职从事无线电技术侦察。第一座截收站于1963年在墨西哥开通，代号为"雷达"。1966年，代号为"创举"的另一座无线电截收站在前苏联驻华盛顿大使馆开始运行，1967年又在纽约设立了"试样"站。截至1970年，它的无线电接收站已经能够截获阿根廷、巴西、加拿大、法国、葡萄牙等国外交官拍发的机密电报，甚至通过美国军用通信线路传送的一些绝密情报也不能逃脱这些截收站的监视。至70年代末，克格勃在前苏联境外已经设立了30余个这样的无线电截收站，这些截收站遍布世界各地，如同克格勃这个侦察怪物长在地球各个角落里的耳朵，时刻准备捕捉无线电世界里任何微小的嘀嗒声。

自前苏联解体以后，俄罗斯继承其衣钵，但其力量大为削弱，经过调整以后，又以新的面孔出现，重新活跃起来。

设在纽约和华盛顿的站点在所有的无线电截收站中处于最重要的地位。1975年，"创举－1"站(站址为苏驻美使馆)、"创举－2"站(站址为使馆住宅区)就截获了2600

条美国的军事、政治乃至相关的科技情报，1976年猛增至7000条。这个时期两个"创举"截收站截获的重要情报中，政治情报包括美国防部长出席北约核计划小组会议、美国务卿基辛格同英法德和南非领导人会晤情况等重大情报。另外，还成功窃听到美国总统、国务卿等政府要员出访时在专机上通过安德鲁空军基地同白宫的谈话（"创举-1"站的一名工作人员还因此荣获红星奖章）；军事机密方面，包括"三叉戟"、"潘兴"弹道导弹和其他巡航和防空导弹，以及F-15、F-16、F-18、B-52、B-1等战机的相关资料；在科技情报方面，他们成功地截获了波音公司、通用公司、格鲁曼公司、休斯、

◎位于孟韦斯山的监听基地，该处是美国电子间谍网的枢纽之一

◎克格勃总部

洛克希德、IBM以及其他美国军工巨头的传真信息。通过无线电侦察，前苏联还获取了A-10、B-1、F-14飞机以及反导和反潜计划的绝密资料。在这些截获情报的基础上，先后向莫斯科发送了800条通报，为前苏联制定国防和外交政策提供了非常重要的参考。

作为与前苏联旗鼓相当的对手，美国的情报机构在无线电技术侦察方面也毫不含糊。由华盛顿通往巴尔的摩的高速公路附近的丘陵和树林附近，有一个特别出口，从这个出口沿着一条静谧的道路往前行，不用多久就会看到一个戒备森严的全封闭的建筑群，这里坐落着全球最大的无线电监控网。这是一座规模庞大的特殊城市，里面的各种设备通过各种途径与美国海上、陆地、空中乃至太空的侦察设备相连，如同一个巨大的吸尘器一样每天"吸进"大量的无线电信号，数不清的工作人员在对全球的可疑无线电信号进行侦收和侦听，并破译相关密码，在世界范围内收集情报。

这个全球无线电监控网密码代号为"埃谢勒"（ECHELON），又称"梯队"，在情报界可谓大名鼎鼎。它是冷战时期由美国国家安全局负责建立的，现在隶属美国国防部，也是美国进行无线电技术侦察的核心部门，美国政府拨给它的预算甚至比中央情报局还要多。该监控网的地位非常特殊，下属单位众多，所用设备极为先进，每天要处理的情报可以用海量来形容。在大气的外层空间，它拥有120颗卫星，如无数眼睛和耳朵，时刻不停地监视着地面的动静；在地面，它有两个重要处理中心，一个

◎美梯队间谍系统全球密布窃听雷达基地

在美国位于马里兰州的国家安全总局内,另一个则在英国位于伦敦以西150公里的孟韦斯山基地(即英国国家通讯中心)里面。该基地内共有1 200名美国军职和文职人员,他们躲在被称为"绣菊2号"的地下防辐射建筑中,24小时不间断地监听世界各地的无线电信息,包括电话、电报、传真等。孟韦斯山基地的监听活动主要依靠"丝宝"和"月亮便士"两套先进的无线电侦察系统来完成,其主要目标是欧洲、北非、中东地区。这个基地最为显著的标志是26个巨大的白色球状建筑,里面安装有世界上最先进的接收天线,它们每小时可以截取200万条无线电信息,如此算来,一年就是175亿条。侦收到的信息被实时输入到一个名为"辞典"的计算机处理系统中,按照关键词、敏感性等标准进行层层筛选,每

◎松峡联合空间防御研究设施

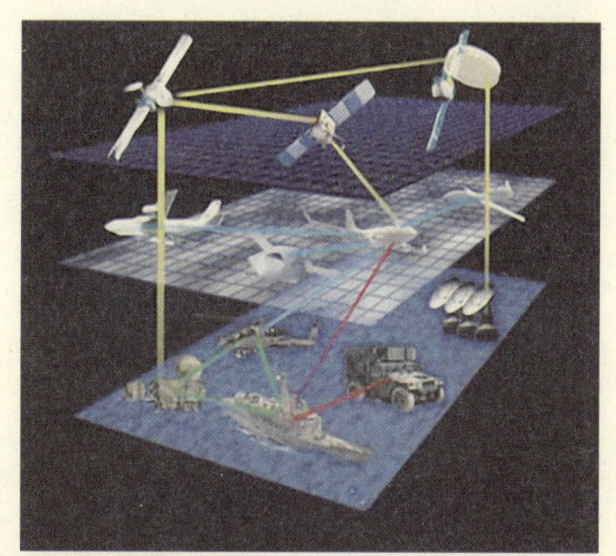

◎"梯队"使美军在无形的空间形成一个"全空域、全时域、全领域、全频域"的强大包围圈

小时产生7 000条左右的初级情报,由情报人员再次将这些情报进行处理,"筛选"出最有用的那些情报以最快的速度上报到美国国内的相关机构。2000年,美国太空司令部又决定在这里建立美国"太空基地红外系统"的"欧洲地面中继站",成为美国导弹防御系统的重要组成部分,可以在美国遭受导弹袭击之前,及时发出预警情报,现

在，它已成为全球最大的具有实效性的侦察中心之一。

除英国之外，"梯队"在加拿大、新西兰和澳大利亚还有数十个大型无线电接收站，仿佛是克格勃在美国的翻版。该监控网每年耗资8亿美元，在全球有1.5万名工作人员围绕着它运转。尤其值得一提的是在澳大利亚中部偏远地区有一个戒备森严的基地——一个名为"松峡联合空间防御研究设施"的电子侦察基地，由美国和澳大利亚共同建立，它配备了多部大型天线，已经突破了无线电技术侦察的范围，它可以搜集包括亚洲和中东在内的大量雷达、无线电和电话方面的秘密。甚至还能通过红外传感器接收美国卫星信号，探测欧亚大陆任何地方发射导弹时产生的巨大热量。在海上，为"梯队"服务的潜艇和装备无线电窃听设备的船只在世界各国海滨潜伏；在空中，有大量的间谍飞机（包括无人飞机）为它贪得无厌的电子大脑提供情报数据。

"梯队"可能还是世界上的超级无线电专家、电脑奇才、信息技术专家以及高级翻译人才的最大聚集地之一，为了处理每天涌往总部的"数据山"，在国家安全局的实验室里，研究人员正在开发每秒运算一千兆次以上的电子计算机，国家安全局对它寄予厚望，甚至还计划通过它来完成美国在信息时代面临的所有情报侦察任务。

知识链接：

克格勃：建立于1954年，一直是前苏联对外情报工作、反间谍工作、国内安全工作和边境保卫等工作的主要负责部门，是一个凌驾于党政军各部门之上的"超级部"，它只对苏共中央政治局负责。冷战时期，它在国际上是红色恐怖的代名词。克格勃主要机构有对外谍报局、国内反间谍局、军队管理局、边防军管理局、总务局、克格勃驻外站组等，工作人员曾一度达到50多万名，年预算达100亿美元。

来自虚拟战场的较量——网络侦察

人类使用什么样的方式生产就会使用什么样的方式打仗，使用什么样的方式打仗就会使用什么样的方式进行军事侦察。信息技术的发展催生了信息化战争的出现，作为信息化战争的重要支柱的网络战也就应运而生。计算机网络战通常分为两条战线，一条是战略网络战，一条是战场网络战。战略网络战主要在国际互联网上展开，主要用于攻击敌方的政治、经济和军事网络。战场网络战主要是在战场有线和无线网络上进行，主要用于破坏敌方的C4ISR系统。

有一种说法认为，世界上第一次"网络战争"开始于1999年的科索沃战争。在78天的科索沃战争中，前南联盟经历了20世纪最为惨烈的空袭。在国际互联网这个虚拟空间上，交战双方也开辟了没有硝烟的"第二战场"。美军的计算机专家将计算机病毒和欺骗性信息设法植入了前南军队的计算机互联网络和通信系统里，有效地阻塞了南军作战信息的传播。前南联盟的军界和民间的计算机高手也奋起反击。北约的电子邮箱每天都收到2 000多个含大量宏病毒的电子邮件，北约的邮件服务器和白宫的网络服务器也因为严重过载而多次瘫痪，为美英轰炸提供气象保障的英国网站更是被黑客攻击得面目全非，无法正常运转。北约发言人称，在这次战争中，网络攻防作战已经成为交战双方的另一个战场。这次计算机网络大战，只是网络战的雏形，今后虚拟战场上的对抗一定会愈演愈烈，并且一定会促进在这一空间内军事侦察的出现和发展。在虚拟战场上进行的计算机网络战，仍然要遵循某些古老的战争规律。每次作战之前

©美军黑客部队

和战争进行当中，必须要进行完备的军事侦察，获取作战目标的情报，在掌握了足够多的情报信息并对其准确地分析处理以后，才能做到"知己知彼，百战不殆"。网络侦察就是在虚拟的计算机网络中获取对方军事情报并对其进行分析处理的过程。网络侦察的出现可以称之为除了陆、海、空、天、电空间之外军事侦察在虚拟空间的扩展，是计算机网络战的基础，并且贯穿于计算机网络战的全过程。成功的计算机网络侦察，不仅能为信息化战场上赢得主动创造必要的条件，还能为军事指挥员在信息战中充分应用谋略提供新的途径。如果网络侦察运用得当，甚至可以达到"不战而屈人之兵"的效果。以争夺情报为目标，以"知彼"为目的的计算机网络情报侦察，在信息战时代，既是一种有效的军事竞争手段，也是一种重要的军事竞争谋略。

网络侦察技术的发展及其在军事领域的应用，大大增强了"知彼"的能力，同时也使制造"战争迷雾"更加困难，在虚拟战场上进行的侦察与反侦察的较量会更加高深莫测。

知识链接：

宏病毒：是一种寄存在文档或模板的宏中的计算机病毒。一旦打开这样的文档，其中的宏就会被执行，于是宏病毒就会被激活，转移到计算机上，并驻留在Normal模板上。从此以后，所有自动保存的文档都会"感染"上这种宏病毒，而且如果其他用户打开了感染病毒的文档，宏病毒又会转移到他的计算机上。

C4ISR系统：它是现代军事指挥系统中七个子系统的英语单词的第一个字母的缩写，即指挥Command、控制Control、通信Communication、计算机Computer、情报Intelligence、监视Surveillance、侦察Reconnaissance。C4ISR系统是美国人开发的一个通讯联络系统，它是现代军队的神经中枢。

第4章 奇招无尽

　　侦察作战虽然难得见到正面战场上排山倒海般的攻势和波澜壮阔的场景，但是它同样需要先进的军事技术，需要作战双方斗智斗勇的较量，其过程有时候比炮火硝烟中的厮杀更加扣人心弦。随着科技的发展和作战样式的变化，军事侦察的方法更是层出不穷，如同深不可测的剑客舞剑，剑影变幻不绝，剑锋所至，总能出人意料；每一次攻击，都会寒气逼人，引人入胜。侦察兵总会恰当地运用自己的侦察手段，在对手没有来得及做出反应之前，就漂亮地完成自己的任务。

神出鬼没的武装侦察

战争的发展，推动了侦察作战的样式不断发展，为侦察兵开拓了大显身手的舞台。侦察兵在过去的岁月里，环绕猎取情报这个总主题，上演了一幕又一幕惊心动魄的好戏。

霹雳空降，迅速制敌

武装侦察作战的另外一种作战方式，是将精干的武装侦察分队以空降的方式快速运送到敌后要害的部位，由他们在敌后以迅雷不及掩耳之势破坏敌方的重要目标，并在可能的情况下侦察到有关敌方重要设施的情报，为己方随后进行的大规模军事行动提供重要参考。

第二次世界大战期间，德军在法国西海岸的布伦内瓦尔村建了一座早期警报雷达站，昼夜监视西面盟军飞机的动向，使盟军从法国西海岸上空飞行的飞机经常被击落。盟军指挥官早已视这座雷达站为"眼中钉"，欲除之而后快，甚至还想从这座雷达站入手弄清德国雷达技术的进展情况。

但是德国人在建造这座雷达站时也费了一番心思。它位于海边一座90米高的峭壁顶端，面朝大海，左右两侧是通向大海的山沟，背后只有一条小路与陆地相连，在这条路上，德军设置了15个哨所，每天24小时有哨兵把守。雷达站旁边有一座城堡，驻着100名德军卫兵。几公里之外还有一个步兵团和一个装甲旅驻扎，如有情况能够随时增援，到这里袭击雷达站无异于"虎口拔牙"。

但是英军决定一定要拔掉这颗"虎牙"。具体方案是出其不意地使用侦察破坏分队进行小规模的奇袭，用飞机将侦察破坏分队空投到雷达阵地上，由分队的技术小组拆卸并抢回雷达设备，抢到雷达后将雷达就地炸毁，然后所有人员迅速撤退到海边，乘坐事先等候在海边的海军船只返回。为了隐蔽行动，整个突击行动全部在夜间进行。为了确保成功，侦察破坏分队进行了为期一个月的精心准备。他们根据飞机侦察拍下的照片，制作了精确的德军雷达站模型，充分熟悉地形和各自的任务，每一个人先反复练习自己的动作，然后整个分队又协同演练，并制订了处置各种情况的应急方案。

1942年2月27日深夜，几架轰炸机运载着120名侦察破坏分队的成员飞向目标。刚一到达雷达站上空，侦察破坏分队的队员们便毫不犹豫地跳入漆黑的夜空之中。队员们一着陆便扑向各自的目标，雷达站站岗的一些德军士兵还没来得及反应就被击毙。其余德军从睡梦中惊醒，慌忙还击。在激烈的战斗中，技术小组冒着弹雨，在黑暗中熟练地将雷达拆卸下来，然后装到空投的折叠式两轮推车上，在雷达底座下安放好炸药。不一会儿，大股德军就开了过来。队员们引爆了炸药，沿一侧深沟边打边撤向海滩，他们顺利地登上了前来接应的船只，留下德军追到海边不停地朝大海毫无目的地射击。这次行动，英军以亡1人、失踪10人的代价，漂亮地完成了"虎口拔牙"的任务，带上雷达和3名俘虏胜利返航。

在第二次世界大战结束后的几十年间，有多支军队效法英军"虎口拔牙"之术，成功的战例并不少见。

擅长学习的以色列人在第四次中东战争中也如法炮制，让埃及人伤透了脑筋。第三次中东战争后，被以色列空军打怕了的埃及等国为了改善自己的防空设施，监视以色列空军的行动，不惜花费巨资购进了几部苏式新型对空警戒雷达，将这些雷达部署在以军飞机常常出没的拉斯加里卡等地，构成严密的对空警戒网。为确保雷达安全，防止以军破坏，埃军在雷达基地派驻了重兵警卫。很快，以色列高效的军方情报机构掌握了这一情报，胆大包天的以色列人决心"打劫"回来一部雷达，以便研究飞机突防的新招。1969年12月25日傍晚，两架涂成黑色的直升机运载着50多名以色列"神鼠"侦察突击队的队员和十几个电子技术专家，急速向南飞去。在飞行过程中为了确保安全，飞机关掉了夜航灯，实施了无线电静默，为了躲进埃及军队雷达的盲区，几乎是贴着海平面飞行。在接近目标的时候，直升机在距离拉斯加利卡雷达阵地不到100米的地方降落下来。在黑暗中如同鬼魅一样的"神鼠"队员敏捷地跳出舱门，冲进雷达阵地，一部分队员干净利落地消灭了警卫的埃及军队士兵，另一部分人则配合电子技术专家，将重达70吨的雷达"肢解"了下来，全部搬到直升机上，整个战斗过程只用了11分钟。天亮前，他们在空军的掩护下，将这部价值百万的新式绝密雷达偷偷运回了以色列。而在这时，离雷达阵地不到3公里远的另外一支埃及警卫部队竟浑然不知。天亮以后才发现，一夜之间雷达不见了，还以为是自己人夜间转移了阵地呢。

◎二战时德国的防空雷达

"神鼠"得手使以色列人获得了大量关于这种苏式雷达的绝密情报，找到了对付它的办法。在1973年10月的中东战争中，以色列空军就所向披靡，收拾对手如同砍瓜切菜般简单，轻松地赢得了制空权。尝到了"虎口拔牙"的甜头之后，以色列又多次出动侦察袭击分队故伎重演，劳师袭远，"抢劫"了埃及设在红海沙德望岛上的另一种雷达；更令人不可思议的是，他们竟然大胆地潜入法国瑟堡海军基地，偷走了法国准备卖给伊拉克的5艘导弹快艇；又神不知鬼不觉地从比利时偷走大量的铀，用于核武器研制；还从埃及人手中偷走新式的T-72主战坦克，在以后几次战争的地面战中让埃军处处被动。

◎以色列"神鼠"侦察突击队员

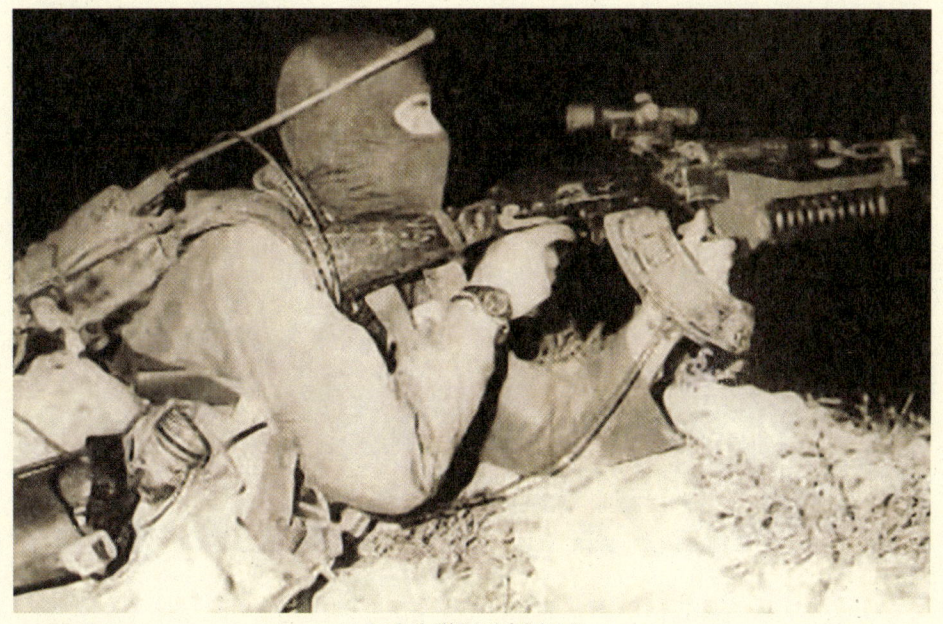

斩首行动，打蛇七寸

在1941年11月中旬的一个夜晚，利比亚的贝达利托里刚刚下了多年以来最猛烈的一场暴雨。午夜时分，六个模糊的人影迅速冲向坐落在昔尼加海附近一所德军守卫严密的普雷菲特拉式二层楼房。他们翻墙跳入院内，绕过了德军卫兵把守的大门，强行冲入楼房。楼房内一名卫兵听到动静后刚要发出警报，一排子弹就把他打得趴倒在走廊里，枪声惊动了楼内所有德军。一个德军军官打着手电筒出来查看情况，迎面又射过来一串冲锋枪子弹，另一个德军军官刚拔出左轮手枪，来自几个方向的冲锋枪子弹便射进了他的胸膛。接着，这伙人把吱吱冒烟的手榴弹扔进了各个房间，爆炸之声随之响个不停。等到这些人发现自己要找的猎物并不在楼内的时候，随即以极快的速度翻墙而出，瞬间消失在夜幕里。

后来从各方面的资料证实，这是一队英军侦察突击队员为配合即将开始的"十字军行动"战役，在战前进行的一次突袭隆美尔非洲装甲兵团指挥部的大胆行动，目的就是要除掉隆美尔和一座重要电台发射塔。遗憾的是，隆美尔这个"沙漠之狐"或许命不该绝，在这次突袭前一天到前线视察他的部队去了。否则，希特勒的这个爱将很可能在那个雨夜就一命呜呼了。

◎以色列总参谋部侦搜队士兵

擒贼先擒王，打蛇打七寸。侦察兵在战争开始之前先通过周密的侦察找到敌人的首脑机关，然后再发起出其不意的袭击除掉敌人的指挥核心，不但能在大规模军事行动之前极大地给敌人以震慑，同时还能迅速瘫痪敌军的行动，使其失去有效的指挥，有利于己方最大限度地发挥攻防优势，大量歼灭乱作一团的敌军，以取得辉煌的战绩。

◎以色列特种兵闪电突袭叙利亚，偷走核材料

木马战术，图穷匕见

将化装术引入侦察作战，就像特洛伊战争中的木马计一样，出奇不意地潜入敌军内部，在时机成熟时突然爆发，从而达到图穷匕见的效果。公元200年，曹操就在著名的官渡之战中，令曹军施展此技，扮作袁绍的军士，偷袭袁军后方的粮草基地乌巢，一夜工夫，把袁绍救急的粮草烧了个精光，逼得袁绍损兵折将大败而逃，创造了以寡击众的典型战例，曹操也因此奠定了统一北方的基础。

1973年10月16日，第四次中东战争已经进入了开战后的第11天。在夕阳西下的时候，埃及和以色列军队在苏伊士运河东岸战斗正酣，在埃及的伊索姆地区，一座浮桥横跨在苏伊士运河上，几名埃及士兵荷枪实弹，警惕地戒备着桥头。

忽然间遥远处闷雷般的炮声中，一阵隆隆的马达声由远而近地传来，只见几十辆坦克和几辆装甲输送车从前线方向疾驰而来。守桥的卫兵紧张地注视着这支突如其来的车队，并迅速做好战斗准备。直到车队将近，才看清是苏制坦克，车上官兵个个身着埃及军服，手持苏制武器，卫兵一下子放松了警惕。

车队在桥头逐渐减速，停下。一位少校军官跳下车，朝桥头卫兵走来。少校用一口流利的阿拉伯语，彬彬有礼地向卫兵问候："辛苦了，兄弟！"卫兵立正回答："您在前线才辛苦哩，少校阁下，您是哪个部队的？要过河吗？""我们是21装甲师的，要回西岸执行任务，后天就回前线。"

◎被以色列侦察部队缴获的T-72主战坦克

军官应答自如。"太好了，那你们就请吧，少校！"卫兵又一次敬礼，少校还礼后向车队一挥手，所有的坦克、装甲车慢慢驶上了浮桥，浩浩荡荡地开进了埃及境内。可是，守桥的埃军卫兵做梦也没有想到，这数百名"兄弟"竟是以色列的一支渗透到埃及境内侦察作战的先遣队。

这是中东地区的一代风云人物沙龙精心策划的一次军事欺骗行动。当时以色列陆军一直处于被动挨打的局面，它的空军突防也异常困难。为扭转不利战局，时任以色列第45装甲师师长的沙龙决定组织一支侦察先遣队，专门袭击埃军后方，伺机改变战局。诡计多端的沙龙集中了第三次中东战争中缴获的几十辆苏制坦克和装甲车，全部印上埃军标记，还挑选了几百名外貌酷似阿拉伯人也会讲阿拉伯话的军官和士兵，全部换上埃军服装和苏制武器，乔装成埃及的21装甲师。就这样，先遣队顺利地混过了埃及的浮桥，蹿上了运河西岸。

以军一过河，便撕掉彬彬有礼的假面具，顿时凶相毕露，大开杀戒。他们分兵三路，气势汹汹地向埃军后方的地空导弹阵地和高炮阵地杀去。

埃及军队对此依然毫无察觉。陶索姆附近的地空导弹阵地上，雷达天线还在正常转动，荧光屏在闪烁，各型防空导弹直指蓝天，公路上突然出现的装甲车队，并没有引起阵地上埃军的特别关注。突然，导弹阵地上传来几声巨响，浓黑的硝烟冲天而起，雷达天线被掀翻，导弹就地爆炸，兵营陷入一片火海，好端端的导弹阵地，几分钟的工夫便风卷残云似的被以军给"报销"了。埃军附近守卫阵地的士兵开始还以为遭了空袭，一个劲儿地朝天空张望，还没回过神来便被凶狠的以色列侦察兵全部击毙。这一天，埃军后方的另几个地空导弹阵地和高炮阵地也都被夷为平地，埃军损失惨不忍睹。这样，以色列终于开辟了一条通往运河地区的空中攻击通道，战局为之逆转，埃及军队再次重复了失败的命运。

通过乔装改扮渗入敌后的侦察作战就如同在敌军的后院放起一把火，效果无异于图穷匕见，能突然搅乱敌人的部署，在敌人的驻扎地域制造恐慌，这在战争双方对峙的关键阶段，经常能起到一锤定音的作用。

"水无常形，兵无常势。"侦察作战的样式好似无形之水，看似无形却又能根据需要变成各种形态，看似平淡但又在关键时刻爆发出排山倒海的力量。在不同的历史时期，不同的战争形态中，它在千变万化的战场上都是无处不在，以自己独特的方式改变着战争的进程。

鲜为人知的技术侦察

在现代化战争中，技术侦察兵的地位在不断地提高，在很多情况下甚至成为战场侦察中的主要力量。与武装侦察兵相比，他们可能没有浑身横肉的体魄，没有百步穿杨的枪法，也不会有惊险刺激的经历，在无形的战线上很难有人会记得他们的名字，但是这个兵种有更高的技术含量，借助现代侦察与监视技术设备，他们同样会对战争的胜负产生决定性的影响。随着科技发展的步伐越来越快，技术侦察兵手中的现代化设备也越来越先进，所用的侦察手段更是日新月异。

当前，技术侦察兵常用的代表性侦察手段有：能编织出"天罗地网"的雷达，结合了多种战场侦测技术，有"多面手"美誉的多频谱战场侦察系统，以及有"乘着炮弹飞行的侦察员"之称的炮射电视等等。

"大家族"织下"天罗地网"——雷达侦察

雷达是由英国科学家罗伯特·沃森-瓦特在1935年发明的，起初叫做"无线电侦察器"，其原意是"无线电探测和测距"。它的名字是根据英文原意几个词的词头缩写而成的，即"RADAR"。有意思的是，无论是顺着读，还是倒着读，结果读出音来都是"雷达"。英国政府对瓦特的这项发明给予大力支持，并且在军事领域中开始推广这种新型的侦察设备。

◎第一个雷达警戒系统由罗伯特·沃森-瓦特教授首先在英国发明

第二次世界大战中，德军曾经出动数千架轰炸机和战斗机对英伦三岛进行了史无前例的空袭。然而令德军意想不到的是，无论白天入侵，还是晚上偷袭，也无论德军飞行员使用什么样的特技动作，在惊心动魄的空战中，德军数量庞大、性能优异的飞机总要遭受惨重的损失。英军似乎对德军飞机的每一次活动都早已知晓，在空中格斗时，数量上占劣势的英国战斗机，每次寥寥数架去迎战蜂拥密集的德国机群时却又如有神助般地多次获胜，德国人对英国的"不列颠大空战"没有达到预期的效果。

德国是一个盛产王牌飞行员的国度，但是在对英国的空袭过程中德国空军无数王牌飞行员却连同他们性能先进的座机在英伦上空折戟沉沙，这个问题一直到德国空军失去了战略空袭能力之后才有了答案。

原来是英国在雷达刚出世不久就率先在南至英格兰南海岸，北至苏格兰东海岸一带秘密设置了由各种雷达构成的严密的雷达网。这些雷达昼夜不停地向空中发射无线电波束，不知疲倦地扫描入侵的敌机，犹如在英伦三岛的东海岸布下了疏而不漏的"天罗地网"。另外，英国空军在飞机上也配备了性能先进的截击雷达，使得英国空军在与德国空军的对抗中占尽上风。

无论白天和黑夜，只要德国飞机一闯进雷达无线电波束编织的"天罗地网"，波束就反射产生回波。这种回波在雷达显示器上一出现，就可以立即测出飞机的方位、距离、高度和架次等准确信息。例如，在一次夜间空战中，由于地面引导雷达及时发现了80公里以外的敌机，飞机上的截击雷达在空中也准确地显示了德军飞机的详细数据，英军飞行员迅速瞄准了敌机并开炮射击，一架英国战斗机竟接连击落了6架德国飞机。

当前，雷达的种类更加多样，功能更加强大。作为武器系统的重要组成部分，雷达家族可谓"人丁兴旺"，成员众多。根据用途可以分为：远程预警雷达、警戒雷达、导航雷达、炮瞄雷达、导弹制导雷达、机载截击雷达、火控雷达、侦察雷达等等；根据技术特征可以分为：波束扫描雷达、单脉冲雷达、相控阵雷达、连续波雷达、脉冲多普勒雷达、电控相扫雷达、超视距雷达、2坐标雷达、3坐标雷达、测高雷达、测速雷达、多基地雷达、被动式多基地雷达等等；根据它的载体可以分为：地基

◎英军战斗机装备的机载截击雷达

雷达（或叫地面雷达）、机载雷达和舰载雷达等。雷达家族中的成员不但个个身手不凡，而且还经常联合起来使用，一起编织出对敌侦察作战中的"天罗地网"。

首先看看地基雷达这个小家族中的成员吧。

地基雷达家族中的第一个重要成员是远程警戒雷达，通常简称为远警雷达。通常看到的远警雷达都是一些"五大三粗"的庞然大物，它的主要任务是远距离监视敌方飞机、导弹的活动情况，其突出特点是"眼睛"非常好使，探测距离非常远。

远警雷达对付的主要对手就是洲际弹道导弹。由于这种导弹的飞行速度很快，它的后半段的飞行速度可高达20倍音速，相当于每分钟平均可以飞400公里左右。对于500公里的雷达探测范围，它只要1分零15秒就飞到了。这样一来，远警雷达来探测洲际弹道导弹的时候还是显得太"近视"了，根本没有充足的时间做好准备工作。道高一尺，魔高一丈。为了对付飞行距离可以达到上万公里的洲际导弹，科学家在远警雷达的基础上研制成一种超远程雷达。这种雷达对于飞行高度为1 300公里轨道上的洲际弹道导弹，可以在5 000公里以外就发现它，从而就有了约13分钟的较充裕的对付这种导弹的准备时间。

地基雷达中排行老二的是引导雷达，它是歼击机的"地面领航员"，主要任务是测定敌机位置和动向，把自己一方的歼击机引导到敌机所在的空域，并使己方飞机处于有利位置，从而能顺利地将敌机击落。引导雷达引导的精确与否，往往对空

◎远程警戒雷达

战的结果有着极大的影响。例如，雷达测出的敌机方位如果误差为1度，那么对于距离为200公里处的目标来说，其位置就偏差了3.5公里。所以对引导雷达来说，最重要的要求是探测一定要精确。而要保障探测精确，就要有足够远的探测距离，引导雷达一般工作在波长为几十厘米到十厘米左右的微波波段。适合在这一波段工作的雷达天线，大都是可以转动的瓦片形的抛物面天线，这种天线的不足之处是能准确地测定目标的方位和距离，但是难以测出目标的准确高度。为了克服这一缺点，通常采用"点头式"测高雷达来配合引导雷达工作。测高雷达专门用来测定目标的高度，与引导雷达测出的目标方位和距离相配合，进而可准确地推算出敌机的航向、航速，从而迅速引导己方飞机迎击空中的来犯之敌。

号称"导弹眼睛"的制导雷达是地面防空雷达家族中的老三，它的主要任务是配合防空导弹作战使用。一般情况下，防空导弹的制导系统使用两部雷达，一部是目标跟踪雷

◎洲际弹道导弹

◎洲际弹道导弹

达，另一部是导弹制导雷达，这两种雷达都能准确地测出敌机或己方导弹的位置、速度和航向等信息。另外，这个制导系统还使用一部电子计算机和一部控制导弹飞行的无线电指令发射机。当敌机进入到防空导弹的防区时，目标跟踪雷达首先"盯"上敌机，并把所测定的敌机位置数据送到计算机。计算机再根据跟踪雷达送来的数据进行计算，然后控制导弹发射架使其自动对准目标。如果敌机已飞入防空导

◎制导雷达

弹的射程之内时，计算机即发出指令，指挥防空导弹立即发射。导弹发射后，导弹制导雷达很快"跟"上导弹，并把导弹的位置数据及时送到计算机，计算机再对两部雷达送来的关于敌机和防空导弹的数据进行计算。若计算结果认为需要修正导弹的飞行方向时，计算机就向控制导弹飞行的无线电指令发射机发出信号，让它发出使导弹改变飞行方向的相应指令，导弹就会修正飞行方向，向目标飞去。

专门用来指示高射炮瞄准敌机用的炮瞄雷达是地基雷达家族中的"老四"，它的

◎制导雷达抓住目标

◎20世纪60年代德军队装备的"野猫"式30毫米自行式高射炮炮瞄雷达与火炮合二为一

形状往往像一口"大锅",但就是这种"大锅"形状的圆形抛物面天线决定了高射炮的精度。高射炮的射程一般都不远,所以这种雷达的探测防空导弹的制导系统距离不要求很远,一般情况下,只要几十公里就足够了。但是对探测准确性要求很高,否则就击不中敌机。

炮瞄雷达有两个突出的本领:一是能自动跟踪目标。它的无线电波束较细,在用来探测飞机时,就像用一只手电筒的光柱在黑暗中去照一只麻雀那样,麻雀一飞快,光柱就很难再照到它。但是炮瞄雷达上专门装有一套自动跟踪装置,能使雷达天线自动跟踪敌机,无论敌机如何飞,雷达的波束都始终能牢牢地"罩住"它不放。它的第二个特殊本领是它可以和几门高射炮联动,它在瞄准时能自动地带着几门高射炮始终对准敌机。当炮瞄雷达对准敌机后,就把敌机的距离、方位角和仰角等数据送到指挥仪,然后指挥仪再把这些数据转换成各门高射炮相对于敌机的高低角和方向角,并根据敌机的速度和风向等情况计算出高射炮射击的提前量。最后,把这些计算出来的结果用电信号去自动控制各门高射炮,使炮口始终跟着敌机转动。这时,如果几门高炮将炮弹同时发射出去,敌机就很难逃出高射炮组成的火力网,经常会出现几门高炮同时击中目标的情况。

"高高在上"的机载雷达也是一个弟兄众多的雷达家族，这个家族主要包括机载预警雷达、射击瞄准雷达、轰炸瞄准雷达、机载导弹控制雷达、歼击机护尾雷达等，这个雷达家族的弟兄们同样是各怀绝技。

机载预警雷达，可以说是天上的"千里眼"。它实际上是把地面防空雷达中的远程警戒雷达搬到了大型运输机上。一般情况下，一架大型运输机只能装一套预警雷达和相关配套设施。如果有几架这样的飞机轮流地在特定的航线上进行巡逻飞行，就能持续负责警戒一定的空域。一旦发现敌机入侵，它就能以最快的速度通过无线电报告给地面防空指挥所，让地面的防空系统有充足的时间准备反击。

◎意大利自行高射炮，在炮塔顶部可见其炮瞄雷达

◎机载预警雷达伊尔—76

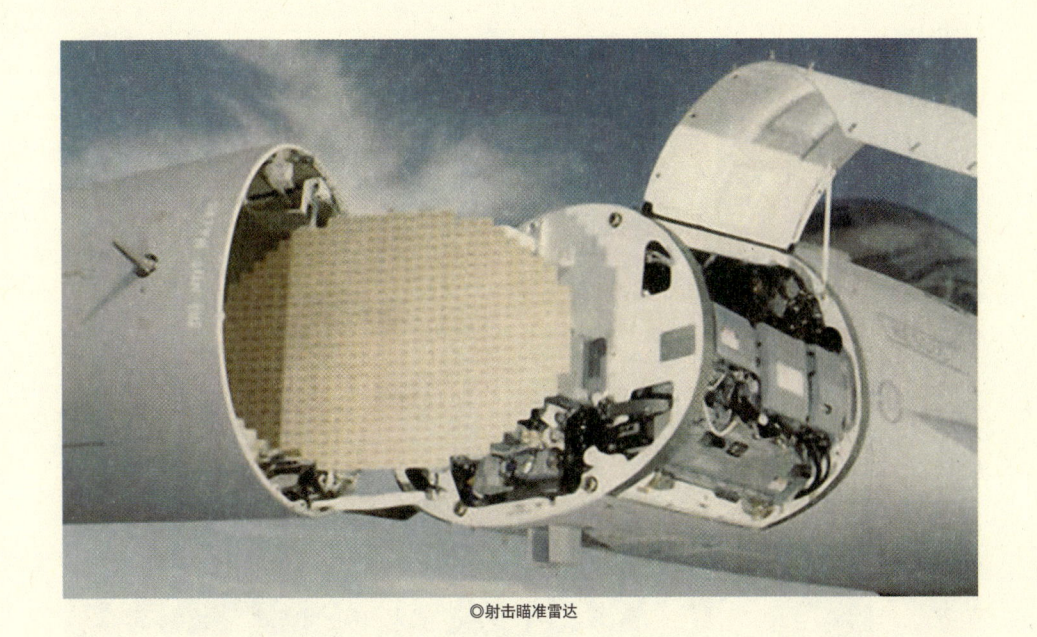

◎射击瞄准雷达

　　射击瞄准雷达，实际上是飞机上机关炮的"夜猫眼"——电子瞄准具。用光学瞄准具来瞄准敌机的机关炮在夜间或能见度很差的情况下就无能为力了，这时就必须借助机载射击瞄准雷达来瞄准了。

　　这个"夜猫眼"一般装在飞机的头部。当敌机在装载"夜猫眼"的飞机观测范围之外时，它就会在飞机前方一定的角度范围内和一定的距离范围内搜索敌机目标。这时，它就相当于一部小型的警戒雷达。当敌机进入它的观测范围时，雷达就会自动地跟踪敌机。这时，它就相当于一部小型的炮瞄雷达，用自身极细的波束"咬住"敌机不放。射击瞄准雷达还有很多"别名"，例如截击雷达、攻击雷达、火控雷达、截获雷达和搜索跟踪雷达等等。

　　轰炸瞄准雷达被人们形象地叫做轰炸机的自动投弹车。现代轰炸机对地面或海面目标投弹时，经常采用水平投弹的方法，轰炸机在空中一定高度上做匀速水平飞行，然后用光学瞄准具或雷达瞄准目标自动投弹。它较光学瞄准具的优越之处在于基本上不受气象条件影响，在夜间一样能够自动投弹。但是这种雷达在近距离瞄准时没有光学瞄准具精确，因而在实用中常常是两者相互配合使用。

　　歼击机护尾雷达是机载雷达家族中非常有"个性"的一个，因为它是被装在飞机的尾巴上，有"电子警卫员"之称。

◎轰炸瞄准雷达

　　歼击机在与敌机进行空战时，最喜欢从后面攻击敌机，也最怕敌机从背后实施攻击。这是因为一旦在机尾方向被敌机"咬住"了，要想摆脱对手就会非常困难。歼击机通常只有一个飞行员，飞行员的注意力经常会集中在操纵飞机与正面的敌机作战中，很难兼顾自己的身后。有了护尾雷达在身后保护，就如同在背后长出了一只"眼睛"，随时对身后的情况一目了然，这样就可解除飞行员的后顾之忧。护尾雷达一般装在飞机的尾部，当飞机的后方出现敌机时，护尾雷达就会立即发出警报，告诉飞行员后面有敌机，赶快通过机动飞行来摆脱机后敌机的攻击。

　　舰载雷达的家族也非常庞大。这个家族中有可使军舰发现几百公里以外来袭敌机的对空警戒雷达，有能够发现几十公里以外敌舰的舰载对海警戒雷达，有可以在浓雾中保证军舰安全航行而不致与别的舰船相撞的舰载导航雷达，还有可以使舰上的重型火炮瞄准几十公里以外敌舰射击而命中误差只有几米的舰载火炮控制雷达，有可以对各种舰载导弹进行准确制导的舰载导弹制导雷达等，不一而足。

　　现代化的军舰，通常根据需要会装备数目众多的各式雷达，数量从七八部到二三十部不等。军舰上的雷达一般由一套电子计算机构成的数据处理中心来统一管理

◎舰载对空警戒雷达

和使用，这样就能够保证不同种类的雷达之间的配合和衔接不会出现问题。

　　舰载雷达在原理上与地面防空系统的各种雷达基本相同，但由于舰载雷达的工作环境特殊，它在设计和工作上还是体现了自己的独特之处。军舰在大海上航行时舰身经常会有一定的摇摆，当遇到比较大的风浪时，舰身的摇摆幅度就会特别大。此时，舰上的雷达也会跟着军舰上下左右不断地改变自身的位置，各种目标相对于雷达的位置都在变动，这就造成雷达的反射回波时有时无，雷达显示器上的画面模糊不清。为了克服这种情况，舰载雷达通常会装有一套相当于稳定水平面的自动控制平台的稳定装置。借助这套装置，无论舰身如何摆动，雷达都始终在平台上保持水平位置不变。另外，舰载雷达在军舰上通常被"肢解"后安装在军舰的不同地方，例如天线通常都装在军舰的桅杆顶上，而其他部分装在别的地方，像显示器一般都装在驾驶室内。这也是舰载雷达的独到之处。

　　真正让自己强大的是对手，雷达家族的壮大和技术水平的提高，是在与反雷达手段的不断斗争中发展和壮大起来的。尤其是反雷达导弹的出现和"挖眼技术"的进一步提高，对美名为"千里眼"的雷达造成了巨大的威胁。面对这种对雷达威胁的紧迫情况，20世纪80年代以来，雷达家族出现了一些新伙伴，如不发射电波的"无源雷

◎歼击机护尾雷达

◎舰载导弹雷达

达"、将发射机与接收机分开安装的"双基地雷达",以及不用人值班的"无人雷达"等。各具特色的雷达经常组合在一起使用,共同构筑了遍布全维空间的严密侦察网。

多种侦测手段合成"多面手"——多频谱战场侦察

现代战场情况瞬息万变,指挥员必须及时掌握敌我双方的准确情报才能立于不败之地,因此情报工作必须连续、实时。根据物体和电磁波的特性,技术人员研制开发了多种多样的侦察手段,例如:可见光侦察技术与装备、微光侦察技术与装备、红外侦察技术与装备、雷达侦察技术与装备、传感器侦察技术与装备等等。

20世纪60年代以后,随着激光技术在军事侦察上的广泛应用,出现了与之相关的一些集众多功能为一体的侦察装备,而多频谱战场侦察系统便是其中的典型代表,被称为现代侦察"多面手"。它是将微波或毫米波雷达、红外成像仪、电视、激光测距仪等有机地组合在一起,相互取长补短,形成了目前最先进的多功能战场侦察系统,从而可以进行多频谱战场侦察。

美国在多频谱战场侦察系统的研制上一直处于领先地位,美国军方在1978年已经开始着手研制毫米波雷达与光电传感器相结合的车载式多频谱战场侦察系统。其中,毫米波雷达用来搜索空间信息，以便为捕获目标进行粗略定位。一旦捕获到目标，它马上就能引导高分辨率的光电传感器对目标进行识别、精确定位和引导武器发射。

20世纪80年代初，美国已经开始着手研究使用多频谱传感器来探测地面活动目标的方法，将毫米波雷达作为传感器。先用毫米波雷达发现目标，然后采用激光扫描器、红外传感器、摄像机和其他装置来识别目标，从而确定目标的特征。英国空军飞行研究所也在同一时期用一部毫米波雷达与一个红外传感器组成的多频谱侦察系统进行了试验。

自从20世纪90年代以后，随着数字化图像处理、信号处理、模式识别和计算机技术的发展，上述技术开始在多频谱侦察系统中逐渐被采用，并用来实现对目标的自动识别。21世纪新一代智能化战场侦察系统开始登上战场。

目前，美国、以色列和法国等正在准备将现有的最先进的地面小型战场侦察雷达改进成多频谱战场侦察系统。例如，美国的TPS-74模块化战场侦察雷达，可以与光电传感器组成多频谱侦察系统；法国的"拉西德"雷达也可与"海狸"热成像仪组成多频谱侦察系统；以色列在EL／M-2140侦察雷达的研制上也预留了接口，准备将来可与光电传感器组合成多频谱侦察系统。

作为现代战场侦察"多面手"，多频谱战场侦察系统有着多种独具特色的特长：

◎无源雷达工作原理

◎双基地雷达

　　它既可全天候地昼夜进行侦察，又能捕获到强杂波背景和受敌雷达对抗手段伪装的目标；当用它进行大面积搜索时，可最大限度地减少虚假目标的干扰，并能从众多杂乱目标中选择出有军事价值的目标；它不仅具有较强的自动识别目标和对目标的定位能力，而且能引导火炮、导弹等击中目标易被摧毁的薄弱部位。

　　率先投入战场使用的"多面手"，当属美国的ETAS多频谱战场侦察系统。它是一种架离式多频谱目标捕获系统，主要由毫米波战场侦察雷达、前视红外传感器、高分辨率电视和激光测距仪，以及射频干涉仪等组成。它使用方便，机动性好，自下而上的搜索目标的能力高，可以完成多种侦察任务，甚至能够替代多种地面战场侦察雷达系统。在1991年爆发的海湾战争中，美军曾将ETAS多频谱战场侦察系统中的雷达装在M113装甲车上，与其他传感器一起组成多频谱侦察系统，并在作战中多次得到了应用。ETAS多频谱战场侦察系统里的电视摄像机则是一个高分辨率的无源传感器，在白天可以探测到10公里远的目标。ETAS多频谱侦察系统中的前视红外传感器，主要用于夜间目标的探测。另外，由于前视红外传感器可以探测到有强烈辐射的目标，因此它可以当做性能优异的红外传感器使用，并轻易探测到被严密伪装起来的目标。ETAS侦察系统还装有射频干涉仪，能够发现工作频率为4—18千兆赫的敌方雷达或其他发射机，并可准确地判明目标类型和方位，为本方军队打击对方的雷达和其他探测系统提供准确的情报。

"乘着炮弹飞行的侦察员"之旅——炮射电视侦察

火炮于19世纪刚刚问世之后就在战场上迅速得到应用，很多兵种里的很多士兵都愿意来到炮兵部队体验一下当炮手的成就感。当时有个名叫巴伦·明希豪森的侦察兵就趁机"转会"到炮兵部队当了一名炮手。由于有过当侦察兵的经历，又整天与炮为伴，他经常会异想天开地设想：如果能够骑着快如闪电的炮弹到敌人的阵地上侦察，并且再安全地返回来，一定是一件非常奇妙的经历。有一天，他真的看到自己在一次激烈的战斗开始后，随着一声"轰隆"的巨响，乘坐在一发从炮口射出的炮弹上呼啸

M113

着飞向远方。转眼之间,他像腾云驾雾般地落在了敌军的阵地上,然后立即躲进一片小树林里。虽然阵地上硝烟弥漫,弹片飞舞,但他却看清了敌军的炮位和阵地情况。将敌军阵地上的一切"看够"之后,他又瞅准机会,乘坐敌方发射的炮弹,回到了自己的阵地。正在得意洋洋之际,他的上司却对着他的屁股重重地踢了一脚,他才发现刚才只是黄粱一梦。后来他又无数次给人讲起了这个白日梦,虽然他一生都没能实现自己的梦想,但是他的那个梦却引发了人们对侦察方式的思考。

随着科学技术的飞速发展,这个普通士兵的梦想已经被现代人以另外一种方式实现。它的实现源于世界上最小的电视发射台——"炮射电视"。

炮射电视侦察是一种新的军事侦察手段。它是将电视摄像机、发射机装在一个大口径的炮弹里,然后用火炮发射到敌方上空,再借助降落伞飘浮在空中。这时,电视摄像机所拍摄的图像经发射机实时发回,在接收地点便可直接看到敌方阵地上的活动情况,它的侦察过程如同"乘着炮弹飞行的侦察员"之旅。

世界上最早的炮射电视是20世纪60年代在美国研制出来的。它最初所用的炮弹是由155毫米照明弹改装而成的。它对照明弹做了巧妙的改动,保留了原照明弹的弹壳、降落伞、开伞机构和消旋装置(消除降落伞在空中旋转的装置)等。弹内的照明部分位置由小电视台取代。炮弹内所装的电视摄像机非常小巧,镜头直径为9.6厘米,镜头长约10厘米。这种炮射电视,犹如一个灵巧的军事侦察员。炮射电视虽然身材短小,然而也是"五脏俱全":除了摄像机、发射机和降落伞外,在炮弹里还装有电池、天线和引信等,完全称得上是一个小而完整的电视发射台。但是它与人们常见的电视台享受的"待遇"可有着天壤之别。人们将它安置在狭小而黑暗的炮弹里,而且要在火炮炮膛里经受高温、高压的考验,在膛内和飞出炮口后还要承受炮弹每分钟旋转上万转所产生的巨大离心力的折磨。因此,它的块头短小,身高仅20厘米,但天生一副"好身板",不怕猛烈的跌打碰撞,可以承受各种战场环境的"折磨"。

20世纪70年代初,随着固态摄像机等新一代电视摄像器件的出现,炮射电视的身材进一步缩小,抗冲击震动的能力更强。英国制造了一种只有火柴盒大小的炮射电视,重量仅0.1公斤,而摄像机的镜头小得如同衣服上的纽扣。这种袖珍型炮射电视的摄像器件具有灵敏度高、不怕冲撞、体积小、重量轻和工作电压低(直流15伏)等特点,完全能满足作为炮弹里的"侦察员"的要求。

这种"侦察员"在战场上的工作节拍相当紧凑。当载有"侦察员"的炮弹发射后，在飞行到敌阵地上空时，引信就将炮弹里的抛射炸药引爆，把带有减速伞的炮射电视推出弹壳，随后减速伞立即打开，炮射电视的下降速度大大减慢。这时，这位身材小巧的"侦察员"还被裹在一个身上"长着"几个旋转的小翼片小圆筒里。减速伞开伞8秒钟后，炮弹里的另一个弹射炸药会准时起爆，把小圆筒和减速伞从它身上"脱掉"。于是，小"侦察员"身上带着的主降落伞自动打开，开始从1 000米左右的高空以每秒5米的速度缓缓下降。在主降落伞打开的同时，摄像机便启动拍摄，紧张的侦察工作便开始了。这时，摄像机的镜头对准地面，可以快速地扫描到敌阵地上长300米、宽200米左右的炮火密集区域。

仅仅能够拍摄是不够的，"侦察员"只有将获取的情报及时汇报给本方的指挥员才算是有效的侦察。在小"侦察员"的摄像机开始拍摄时，它的发射机也同时开始工作。摄像机拍摄的图像由发射机用无线电波向自己一方的地面机动接收站传送。在接收站里，拍摄的图像很快就显示在电视屏幕上，指挥人员对敌人的战场情况就能一目了然。这种侦察，实际上就是一场对敌方阵地的"现场直播"。这些图像还能储存下来供进一步的研究分析。

这种乘着炮弹飞行的"侦察员"不但站位较高，视野开阔，侦察范围大，还能安

◎炮射电视

全地深入到敌军后方侦察。用155毫米榴弹炮发射的炮射电视,就能观察到离前线20公里附近敌军阵地的地形、地貌,敌军的兵力部署、武器的种类、位置、数量等详细信息。另外,还可以观察到敌军阵地上自己一方火力武器的杀伤、破坏效果,并以此为参考来校正火力武器的后续射击。

炮射电视在空中拍摄的图像非常清晰,能清楚地分辨出地面上1.5米见方的物体。它还可以利用红外和微光摄像机在漆黑的夜间拍摄出敌阵地的图像,使敌人借助夜幕躲避侦察的想法化为泡影,甚至敌军掩藏在伪装物下的武器装备也无所遁形。炮射电视侦察的出现,不但使传统的火炮有了新的用途,也为低空战场侦察提供了一种非常先进的手段。

对付恐怖分子的新手段

美军在正面战场上能够风卷残云般地将对手一一收拾,但是对付藏在偏僻的山洞和村落里的恐怖分子却有点像高射炮打蚊子,特别是对付塔利班和基地组织成员时更是如此。出现这种情况最主要的原因是无法获取有关恐怖分子活动的详细情报,于是,中情局不断将更多更先进的技术侦察手段派上用场。

一是利用独特的语音识别软件。尽管难以发现恐怖分子的行踪,但是塔利班首领奥马尔和恐怖大亨本·拉登及其部属之间的语音通话倒是偶尔能够侦听到。但是通过语音加密的通信比较难以侦破,塔利班以及"基地"组织成员的语音通信也都通过他们自己的技术专家进行了层层加密。不过,阿拉伯人的发音差异极大,美国中情局据此研究出一种新的语音识别软件。它不仅能识别独特嗓音,并且能在监听目标出现时自动录音,甚至能把通话要点归纳出来。其实,类似的软件在20世纪已经出现。《华盛顿邮报》报道,在20世纪90年代,美国为了支持南美国家禁毒和反恐,中情局曾将类似的软件提供给哥伦比亚政府。这个软件在他们追捕大毒枭埃斯科瓦尔时派上了用场,哥伦比亚政府军根据当时的软件录音掌握了这个毒枭的行踪,然后在一次围剿中将其击毙。

二是配备能拍数码照片的电子表。在阿富汗战场,美中情局为相关人员配备了一种由日本卡西欧(Casio)公司设计和生产的电子腕表数码相机。这种手表带有设计精巧的数码摄像头,这个摄像头几乎拥有最先进的数码相机的所有功能。它能自动拍摄图像,并且以彩色的方式显示出来,连接打印机后能够打印出非常清晰的彩色照

◎基地组织头目、恐怖大亨本·拉登

◎电子腕表数码相机

片。使用者还可以在照片上端输入与照片相关的详细信息。在需要时，还可以回查所拍摄照片的日期、时间及说明。不但美军侦察兵在实施战场侦察时不小心漏掉的信息可以回头再进行分析研究，自己的间谍人员在深入"虎穴"侦察和与当地人谈判时也能在对手毫不知情的情况下将其信息带回来研究。

三是投入先进的寻热传感器。美中情局一直为了追踪本·拉登的足迹而大伤脑筋，每次似乎都是快捉到这个"恶魔"的时候都会前功尽弃。最近，他们又专门配备了一系列的先进传感器。其中最为先进的寻热传感器可以安装在侦察飞机或者地面行驶的汽车上，也可以由特工配持，它在漆黑夜晚和恶劣天气下能够侦察到微弱的热源与磁场、振动和其他细微的线索。尤其对寒冷的山区发出轻微散热的迹象、深藏地下的发电机以及电线的电磁波最为敏感。研制寻热传感器的科学家称，在严冬，寻热传感器更易发挥效力。特别是在天寒地冻的山区，山洞内会相对温暖，散发热气的洞口也就成了热点，从数公里外的隧道或山洞传出细微热气就会给侦察人员指明恐怖分子的藏身之所。

科技发达的美国似乎总能为中情局"量身定做"他们所需要的侦察设备，但是以上几种设备在反恐活动中能否发挥有效的作用，协助美军和中央情报局将本·拉登及其追随者"缉拿归案"，只有时间才能证明了。

防不胜防的谍报侦察

谍报侦察是指向侦察对象内部秘密派遣或在侦察对象内部秘密发展人员，以获取机密情报的侦察活动，它是军事侦察的主要方法之一。谍报侦察主要用于战略侦察，也可用于战役侦察、战术侦察。在现代军事领域，间谍战已经成为军事斗争和政治斗争乃至经济活动中专门研究的课题，越来越受到重视。谍报侦察中所用的方法之先进，效果之突出，发展速度之快，常常会让人感到匪夷所思，谍报侦察更是令人防不胜防。

改变历史的魅影

谍报侦察在世界战争史上由来已久。历代高明的将帅都非常注重谍报侦察手段的运用，谍报侦察在特定的历史时期不但能改变战场的形势，甚至还能决定一个国家和民族的命运。而那些潜藏在敌人内部的间谍，就像黑夜里神出鬼没的魅影，一次次悄无声息地置对手于死地，不断地改写着历史。

公元前1312年，地处小亚细亚中部、黑海南岸的赫梯军同埃及军作战时，就使用间谍到埃及境内侦察敌情并散布假情报迷惑埃军；公元前1184年，坚守了十年的特洛伊城被奥德赛人一夜攻破也是缘于一个叫西农的间谍。中国谍报活动在夏代国王少康时期就已开始。古籍中对从事这种活动的人称间、谍、细作、游士等。春秋末期的孙武在《孙子·用间篇》中，已经把间谍明确地分为因间（敌国的乡民）、内间（敌国的官员）、反间（逆用的敌国间谍）、死间（向敌提供假情况，事发后往往被敌处死的人）、生间（能于完成任务后返回报告的人）几种类型，并且提出要把谍报侦察放在战略的高度，国君要亲自过问，谍报侦察必须在极端秘密的情况下进行。18世纪中叶，普鲁士在军队中建立常设谍报机构，有专职的谍报人员进行情报侦察与反侦察活动。

在两次世界大战中，谍报侦察为交战各方广泛使用。第二次世界大战后，一些国家设立了庞大的谍报机构，遴选各种人才，投入大量经费，采用先进技术器材，广泛从事谍报活动，使这种侦察方式得到迅速发展。

公元前1290年左右，埃及第十九王朝法老拉美西斯二世即位(约前1290—前1224年在位)，决心与叙利亚的实际统治者赫梯一争高低，夺取在叙利亚地区的统治地位。拉美西斯二世还未启程，赫梯就从派往埃及的间谍那里获悉了埃及即将出兵远征的秘密情报。拉美西斯二世率军进至卡迭石以南8英里的萨布吐纳渡口时，截获两名赫梯军队的"逃亡者"，这两个人实为赫梯"死间"，他们谎报赫梯主力尚远在卡迭石以北百里之外的哈尔帕，并佯称卡迭石守军士气低落，力量薄弱，畏惧埃军，特别是叙利亚王侯久有归顺埃及之意。拉美西斯二世信以为真，立即指挥阿蒙军团从萨布吐纳渡口跨过奥伦特河，孤军深入，直抵卡迭石城下。赫梯王穆瓦塔尔闻讯迅即将赫梯主力秘密转移至奥伦特河东岸，构成包围圈，将埃军团团围住。此后双方都不断往战场上增加兵力，损失都很惨重。入夜之后，赫梯军退守要塞，战斗结束，双方势均力敌，胜负未分。这次战斗中开创了战前使用间谍进行军事侦察的先例。

"二战"以后，谍报侦察的手段更加隐蔽，运用的技术更为先进，谍报侦察与反侦察的斗争过程更为复杂，对军事、政治以及经济形势的影响也更大。

冷战初期，由于国内外诸多因素的影响，匈牙利的共产主义政权在整个华沙集团中一直都不太稳固，北约势力一直想将其拉拢到资本主义阵营当中，前苏联也对其重点关注。一时间，各路间谍以各种方式涌入匈牙利首都布达佩斯，使布达佩斯成了东欧地区维也纳之外的另一个"间谍之都"。

知识链接：

赫梯军同埃及作战：公元前14世纪末叶至前13世纪中叶，古代埃及与赫梯为争夺叙利亚地区的控制权展开了延续数十年的战争。

1956年夏，美国中情局驻维也纳情报站通过常年活跃在中东地区的美国驻外记者希金斯获知，在波兰、匈牙利和民主德国很可能会爆发大规模的反对前苏联的冲突，以匈牙利首都布达佩斯发生暴动的可能性更大。中情局决定借此机会重重地打击一下前苏联主导下的华沙组织，号称"冷战狂人"的中情局计划部长维斯纳制定了一个代号为"红袜子-红帽子"的秘密计划。他主张动用中情局的秘密军事力量，怂恿并支持布达佩斯的暴动，如前苏联出兵镇压，则直接支持匈牙利人民与苏军对抗，并让北约的军事力量相机接入。最初中情局设想与西德情报机构合作推行这一计划，以干练著称的西德特工海因茨·费尔夫被维斯纳邀请到美国谋划整个行动，整个计划制定得几乎是天衣无缝。但是维斯纳万万没有想到的是，费尔夫竟是一名克格勃间谍。十月初，费尔夫协助维斯纳把"红袜子-红帽子"行动策划完成后，立刻就把这一绝密计划的备份文件交到了克格勃总部。

◎克格勃主席谢罗夫

得知消息的克格勃主席谢罗夫不敢怠慢，他决定先下手为强。一接到消息就立刻飞往布达佩斯主持克格勃在那里的工作，这是克格勃主席首次亲自指挥在前苏联境外的重大行动。谢罗夫亲自挑选20名精兵悍将，命令他们在布达佩斯搜集情报，一有情况就随时向他汇报。他还作出指示：在必要时进行一些挑衅活动，以便为前苏联的军事介入寻找借口。与此同时，前苏联20万大军和2 500辆坦克也已经在匈牙利周边秘密准备就绪，随时应付布达佩斯可能发生的动乱。

1956年10月23日，在美苏间谍共同的"推动"下，匈牙利首都布达佩斯果然"如期"发生动乱，中情局联合西德情报机关，秘密向暴乱分子运送武器，支持暴动。动

知识链接：

伊万·亚历山德罗维奇·谢罗夫，1954年至1958年期间任克格勃主席，在情报界以精明强干和心狠手辣著称。

乱还没有形成气候，前苏联即以迅雷不及掩耳之势出动数十万军队，迅速稳定了布达佩斯的局势。11月4日，在前苏联的支持下，以卡达尔为首的匈牙利工农革命政府成立，动乱很快被平息。这场情报战最终以前苏联的胜利画上句号，匈牙利人此后数十年里一直在苏军的"保护"下生活，直到冷战结束。

形形色色的窃听

窃听，历来是谍报侦察的主要手段之一，而被誉为"顺风耳"的各种各样的窃听器则是现代谍报侦察中的主要武器。世界上最古老的窃听器是我国在两千多年前发明和使用的。据战国时代的《墨子》一书记载，当时就发明了一种名为"听瓮"的窃听装置，外形像现在的陶瓷坛子，大肚小口。使用时，把它埋在地下，并在瓮口蒙上一层薄薄的皮革，人贴在上面就可以听到方圆数十里的动静。到了唐代，人们又制成一种叫做"地听"的窃听器，与"听瓮"大同小异，只是这种装置的窃听本领更胜一筹。我国北宋时期的科学名著《梦溪笔谈》中记载了一种用牛皮制作的名为"箭囊听枕"的窃听器，利用"虚能纳声"的原理，能窃听到数里内外的人马声。另外，在中国江南地区，古代还常使用一种竹管窃听器。它是用一根根凿穿内节的毛竹连接在一起制成的，然后把这种长竹管铺设在地下、水下或隐蔽在地上和建筑物内，进行较短距离的窃听。

自从1876年英国人亚·贝尔发明有线电话以后，古老的窃听器才开始被取代并最终退出历史舞台。

电话窃听是现代间谍活动的主要方式，他们所用的窃听器也是五花八门，无所不包。现代窃听器主要是在20世纪随着电子技术的发展而兴盛起来的。海底电缆窃听器，是可监听100万门电话的"超级窃听器"；子弹窃听器、微型窃听器（如装在苍蝇身上的）、人体窃听器（如装在假牙、假发乃至乳房上等）、反窃听器和微波窃听器等，

◎杯子窃听器

◎微波窃听器

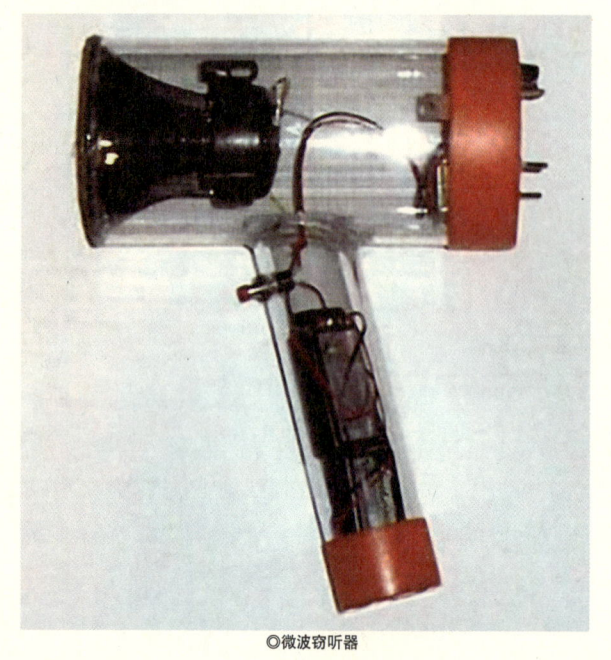

不胜枚举。它们不断往更加微型化、精密化和智能化方向发展，功能越来越强大，被誉为"袖珍顺风耳"或"第三只耳朵"。

在他国使馆里秘密安装窃听器是间谍战常用的伎俩。1953年，美国驻前苏联大使馆要修建和加建楼层，前苏联的特工人员就混入施工队伍，将50多只窃听器偷偷埋设在内墙深处的钢筋骨架附近。这些窃听器的前端有一个像针眼大小的细孔对准室内，后端的金属导线又沿着钢筋骨架或金属水管通向室外，实在不能用导线的地方，就采用一种先进的导电油漆来代替金属导线。这种窃听器的埋设方式非常隐蔽，人眼看不见，金属探测器也发现不了。就这样，前苏联的情报机构监听了美国的高级机密长达十年之久。美国虽然对此有所察觉，但是一直不知道机关所在。直到1964年的初春，美国驻莫斯科使馆来了一批反窃听的电子技术专家，经过像大海捞针一样的仔细寻找，才发现了这些秘密。不过，美国中央情报局也不是吃素的，他们专门组织了一支100多人的技术队伍，其代号是"D师"。这支队伍专门负责电话上和建筑物内的窃听器，他们几乎"免费"为欧洲各主要国家的政府办公楼安装了各种各样的窃听器。

现代电子技术的发展，使人们能够生产出许多类似人耳功能的"电耳朵"。这些微型窃听器，有的像黄豆粒或针尖那么小，有的则制作成和电门开关或电源插座相似的模样。

在户外，也有一种专门的远距离窃听传声筒。由于它的外形像轻机枪，所以人们把它叫做机关枪窃听器。这种窃听器的类似枪筒上装有一排排像机关枪上散热片的叶片，在这些叶片上，安装有密密麻麻的小容器，是用来增大窃听灵敏度和寻找窃声源的。后来，窃听技术专家在这种机关枪窃听器的基础上又研制出一种更为先进的枪型窃听器。

此外，还有一种供边防部队、侦探人员使用的"抛物面式"窃听器。这种窃听器的突出特点是，它有特别大的圆盘，微音器就装在圆盘的中央。当正前方传来的声波碰到圆盘时，就会被圆盘反射并集中到一个焦点上，即微音器所在的地方，而来自其他方向上的声波无法在圆盘上聚焦，所以它的方向性较强。"抛物面式"窃听器能够聚合较大面积的声能，窃听的距离可达几公里远，窃听的效果较好，因而人们将它形象地称为"大耳朵"。

在两军对峙的边界地区或军事分界线上，一种"喇叭式"窃听器也一度非常流行。它的外形和平常所见到的扩音喇叭相似，但扩音喇叭尾部安装的是把电能转换为声能的发音器，通过喇叭口的特殊形状，将声音扩大以后向一定方向发送。"喇叭式"窃听器正好和扩音喇叭的原理相反，它的尾部装的是把声能转换成电能的微音器。喇叭口的作用是接收从正面传来的声音，当喇叭口接收到正面传来的声音后，就将其集中到微音器所在的位置上，由微音器将声能转换成电信号，再经电子线路放大，窃听人员就可利用耳机清楚地听到对面很远的地方传来的声音。

微型窃听器诞生后，也很快成了间谍活动的工具。

到了20世纪50年代，一种叫做"蝎"的微型无线电窃听器出世了。它比火柴盒还小，气枪将它发射出去之后可以黏附在任何建筑物的外壁上，就像壁虎吸附在墙上一样，能清晰地窃听到室内的各种细微的声响，然后将这些声音转换成电波信号，经放大后再用超短波发射出去。接收站在直径8公里的范围内可以用超短波接收机把这些电波信号记录下来，并用解码打字机把窃听到的内容当场打印出来。

1969年春天的一个早晨，美国驻罗马尼亚大使馆的武官莫尔正在摆弄一台特制的收音机。当他无意中旋到某一频率时，竟然从收音机中听到了大使和另一名外交官的谈话声。莫尔大吃一惊，急忙走进大使的办公室，用手示意大使不要惊慌，并递给他一张写着这样

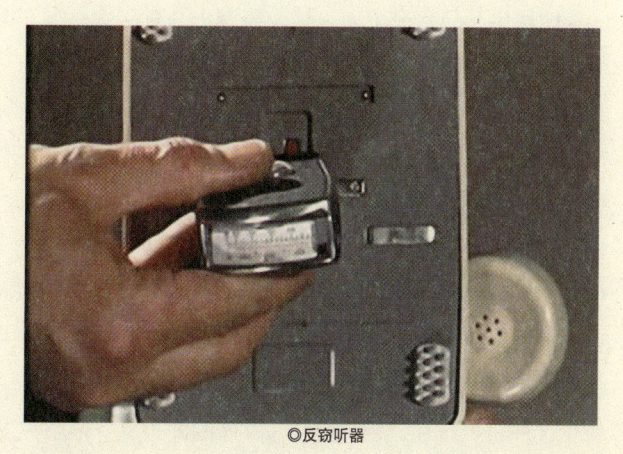

◎反窃听器

◎鞋底窃听器

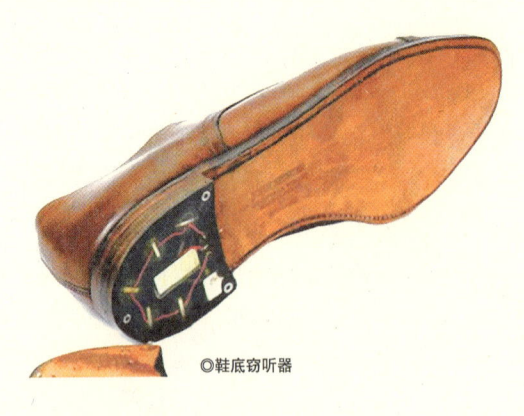

内容的纸条：请您说着话走出办公室，但要小心您说话的内容，因为您的声音正在被窃听。

大使立即知道发生了什么事情，也很紧张，但还是边说话边走出了办公室。

可是，收音机里仍然传来大使的谈话声。这表明窃听器不在办公室里，而是在大使身上。莫尔随即将大使的随身物品和衣服的里里外外全都检查了一遍，甚至还把大使的衣服全部脱掉，还是没发现什么东西。最后，他示意脱下皮鞋，他发现两只皮鞋并不一样重，终于在左脚皮鞋的鞋后跟里发现了一只发射力很强的微型窃听器。

经过追查，才知道这都是克格勃干的"好事"。原来，生活节俭的大使曾经让女佣人拿着这只皮鞋去修理过。在"修理"的过程中，"修鞋人"把鞋底剖开，装进了一个重量不到5.7克的大功率窃听器，并在鞋跟上挖了一个小孔，使窃听器的麦克风头露出来。此外，在鞋跟上还有一个与窃听器相通的小孔，这个小孔刚好能插下一根钢针。这样，只要"女佣人"在夜里把针拔出来，就关闭了窃听器；而早上在大使起床前把钢针插进去，就开启了窃听器，大使穿着这双皮鞋的时候，与任何人的谈话随时都能被守候在使馆外的"忠实听众""收听"到。

在大规模军事行动前的侦察中，微型窃听器更是能发挥巨大的作用。在1973年的第四次中东战争爆发前，埃及研制出一种磁性微型窃听器，并派遣大批特工人员到前线以色列驻军地区去安装。这些埃及特工人员中，有一名年轻的15岁少年，他以卖鸡为掩护，把7只小型发射机的磁性微型窃听器悄悄地安装在以色列阵地的哨所和指挥官的房间里，并巧妙地把这些磁性窃听器都吸附在各种铁器下。这样，在战争爆发后，埃及情报部门根据发回来的情报，轻而易举地歼灭了据点里的守敌。

美国中央情报局还利用高新技术研制成一种逼真的"乳头发射窃听器"。它是模仿乳头形状制作的微型窃听器，只有几毫米厚，采用橡胶制成。在小小的发射窃听器里，装有集成电路发射器和传送器。而在橡胶乳头上有几个很微小的孔，传送器在接收到声响后就可以利用人的体温作为驱动电路的能源，并把信号发射到数百米以外。使用这种窃听器时，将它安装在女性的乳头上，很难被发现。

间谍们常用的微型窃听器式样繁多，结构奇特，它们除了安装在门框、窗棂、衣帽架、桌椅等建筑物和家具以外，更多的是装置在空调器、计算器、台灯座、花瓶、领带、窗帘、烟缸、玩具、提包、打火机、首饰、眼镜、信用卡、贺年卡等现代小日用品中，如果间谍盯上一个特别感兴趣的目标，那么目标的举手投足可能时刻都难以逃脱被监视和窃听的危险，真可谓"不怕被贼偷，就怕被贼惦记"。

一些国家无所不用其极的窃听活动给别国的利益造成了伤害，但是却总能给自己在国际事务中赢得极大的主动。美国在20世纪80年代发起的反恐怖"蓝天行动"就是一例。

1985年10月5日，在阳光明媚的地中海上发生了一起令人震惊的恐怖分子劫船事件。当时，4名巴勒斯坦恐怖分子突然冲上游船的驾驶台劫持了这条游船，并在劫持过程中打死一名美国人。当日傍晚，这艘游船驶进了埃及港口，但歹徒们不让游客离开船，以此作为人质和与埃及政府讨价还价的筹码。

美国政府获悉这起劫船事件后极为关注，一方面美国国家安全局利用谍报手段跟踪这一事件的进展情况，另一方面向埃及交涉，要求埃及交出这四名恐怖分子。

10月8日，埃及总统穆巴拉克很快向外界宣称：劫船事件已得到圆满解决，4名劫船者已离开埃及境内。至于乘坐什么交通工具，他无可奉告。然而，总统穆巴拉克使用的电话，无论是加密电话还是普通电话，都是由美国提供的，老奸巨猾的美国情报机关早已在里面暗藏有窃听器，他的每一次通话都能传到美国人的耳朵里。可怜的穆巴拉克无论如何都想不到美国人会有如此阴险的心机。

美国情报机构于10月10日上午截获穆巴拉克与埃及外交部长的通话时，得知恐怖分子依然在埃及境内，正准备由埃及航空公司的一架波音737喷气式客机数小时后运离埃及。

美国总统国家安全顾问诺思中校在第一时间得知这一情报，他立即向国家安全事务助理波因德克斯特提出了一个大胆的"蓝天行动"计划：从美国在地中海的航空母舰上派出喷气式战斗机，从空中将这架埃及班机劫持到西西里岛的北约空军机场上，然后擒住劫船歹徒，

◎磁铁窃听器

并送往美国审判，如果埃及航班不肯顺从，就在空中将其击落。当时的美国总统里根看到这个呈报上来的"蓝天计划"时，毫不犹豫地签字批准了这个计划。

与此同时，美国针对穆巴拉克总统的窃听活动一刻也没有停止。在四五个小时内，侦听记录穆巴拉克谈话的稿纸就有100多页，厚达3厘米。

美国安全部门通过对穆巴拉克的连续窃听，对运送劫船者的航班号，4名巴勒斯坦人上飞机的时间，飞机起飞的时刻、航线和降落地点等具体情况了解得清清楚楚，埃及航空公司的航班刚飞离机场，4架美国F-14战斗机就从游弋在地中海的航空母舰上起飞了。经过一番空中较量，美国的战斗机成功的在地中海上空将运送恐怖分子的埃及航班劫持到了位于西西里岛的北约空军机场上。早已在此守候的意大利警察将4名劫船歹徒轻易地当场拿下。

这个事件是国际反恐怖活动史上一个颇具传奇色彩的胜利，其中以窃听为主要手段的谍报活动起了决定性的作用。

◎美国前总统里根

知识链接：

穆罕默德·胡斯尼·穆巴拉克(Mohammed Hosni Mubarak)：1928年5月4日生于尼罗河三角洲曼努菲亚省米塞利赫利村一个农民家庭。1981年10月，穆巴拉克当选为埃及第四任总统，任期6年，并兼总理和武装部队最高统帅。2005年9月，第五次当选埃及总统。穆巴拉克奉行和平、友好和不结盟政策，主张在相互尊重主权和不干涉内政的基础上同世界各国发展友好与合作关系。

罗纳德·威尔逊·里根(1911年2月6日—2004年6月5日)：美国第40任总统，1980年当选美国总统，1984年谋求连任成功，1989年1月辞职。里根执政期间，对前苏联等社会主义国家采取强硬立场，并提出了"星球大战"计划。

第 5 章

骁勇的侦察"精灵"

　　随着人类驯化动物技术的不断发展,世界各国军队都非常重视利用动物去完成部队所不便完成的各种作战任务,它们在战场上能发挥出人类不可比拟的巨大优势。在侦察兵这个兵种里,动物兵更是成为了一支不可小觑的特殊战斗力量。

长翅膀的"侦察兵"

被列为"四害"之首的苍蝇是人类的天敌,从古至今,人们始终从事着消灭它的活动。的确,苍蝇总是带着一身的细菌到处飞来飞去,从垃圾堆里钻出来之后,又跑到人类的餐桌上潇洒快活,是令人极其厌恶的传染病源祸害。然而,尽管苍蝇有如此大的危害,但经过科学技术的改造,苍蝇却能成为从事军事间谍活动的一把好手。

美国作为世界军事大国之一,曾多次领略苍蝇间谍的巨大威力。20世纪80年代,

◎苍蝇

驻某国的美国大使馆突然发来密电，说一项新式核武器生产和部署方面的情报被窃，美中央情报局立刻派高级特务约翰逊率员前去侦破。来到大使馆后，约翰逊首先研究了可能接触情报的所有人员档案，并对每一个细节问题进行了假设性推理，但并没有任何收获。接着，约翰逊又仔细分析了案发的详细经过，并召开紧急会议，要求所有人员将事情的经过详实的汇报一遍。凭着多年的经验，他断定窃贼是通过窃听方式将情报窃走的。于是，约翰逊向上级请示调用先进的侦察仪器进行检查。上级立即派出工作人员带着最新研制的反窃听仪器，火速赶到现场。

按照正常的工作原理，反窃听人员提着这台仪器，在室内来回探测，另一个人在室内各个角落发出较宽音域和较高的声音，比如拍手声、哨子声和音乐声，这时暗藏在室内的窃听器就会对声音作出反应，而窃听器的这一反应又会产生微小的电子讯号，这样，反窃听器就能敏感地测到窃听器中的微小电子讯号，然后一点一点地接近窃听器，直至找到它的准确位置，最后破获它。

可是，他们一连搜索了好几天，始终没有任何动静，约翰逊很是纳闷。一波未平，一波又起。正当侦破案件没有任何进展的时候，约翰逊他们的行动情报也被间谍窃听走了，真是令人恼火透顶。但意外有时也许就会在不经意中出现。约翰逊又用仪器测量了整整一天，正当他们准备收工时，从半开的窗口飞进了几只又大又黑又亮的苍蝇，起初，谁也没有在意这几个脏乎乎的东西。突然，有一只苍蝇落在约翰逊的脸上，弄得他痒痒的，他厌恶地用手一轰，正碰到苍蝇尾部。这时，只听到蜂鸣器发出了"嘟……嘟……嘟……"的警报声，讯号很不稳定，忽高忽低。看来，这个窃听器并没有被固定在具体的地方，而是一部活动的窃听装置，并且距离仪器不超过5米。房间不大，究竟这部移动的窃听器在哪儿呢？约翰逊睁大双眼，四周查看，发现除了几只乱飞的苍蝇之外，再没有任何活动的东西了。他马上关闭了门窗，拿起书本，猛地朝落在办公桌上的苍蝇打去。苍蝇死了，这时，只听见蜂鸣器"嘟嘟"地又响了起来，声音讯号也增大了好几倍。接着，从死苍蝇的翅膀中

◎又黑又亮的苍蝇

掉下一颗砂粒大小的金属，经测定，这就是他几天来一直苦苦找寻的微型音波吸收器。

真相终于大白了。原来，某国情报机关利用苍蝇喜欢钻进室内的特点，把微型音波吸收器装在它的翅膀缝中，让它们飞进大使馆办公室里，执行"偷听"任务。这种微型音波吸收器的直径只有0.25厘米，可以装在苍蝇的背上或翅膀中。约翰逊侦破的这个案件就是属于活苍蝇执行窃听任务。当然，还有更高明，更不容易被人发现的手段，就是利用死苍蝇进行侦察。情报人员在窃听前，先让装有窃听器的苍蝇闻一些有毒的气体，然后通过门的钥匙孔或通风设备，把苍蝇送进戒备森严的机密室内。苍蝇飞进去以后，就会因毒性发作而死，但它背上的窃听器却"活"着，可以把室内的声音源源不断地发射传送出来。即使有人发现了死苍蝇，也绝不会怀疑什么，更不会去拿起苍蝇看个究竟，最多把它扫进垃圾箱里了事。

蜜蜂是一种勤劳而又无私的益虫，为人类的生活带来了很大的帮助，深受人们的喜爱。殊不知，蜜蜂凭借它自身的优势，成为了军事情报人员的好助手，被誉为最优秀的"侦察兵"。美国著名的生物学者布朗·曼尚克经过多年的科学研究和大量的科学实验证实：蜜蜂的毛发上充满了静电，它就像是一个飞行的拖靶，是自然界中最杰出的物质影视器。得克萨斯州的空军研究实验室的鲁多尔夫教授也曾经说过："蜜蜂天生就是干侦察兵的料。"

蜜蜂侦察的战绩累累。它们曾经帮助美国军方搜寻在一战期间艾吉伍德地区制造包括氟、芥子毒气、催泪瓦斯等在内的有毒化学物的证据，并取得巨大的成功。美国科学家还利用蜜蜂不同寻常的嗅觉力，让它们不去寻找鲜花的气味，而是去跟踪炸弹的气味，最终将蜜蜂训练成一种灵敏的炸弹检测系统，具备发现汽车炸弹、地雷和别的隐蔽爆炸物的高超技能。鲁多尔夫教授说："蜜蜂的嗅觉非常灵敏，单只蜜蜂的嗅觉相当于狗的99％，成群蜜蜂的灵敏度则要比狗强许多。"除此之外，蜜蜂还能记住许多不同的气味，并能够将自己记住的气味告诉同伴。这也就意味着，只要训练了一只蜜蜂，它就能在很短时间内将识别的新气味传达给整个蜂窝甚至附近蜂窝中的大量蜂群（通常一个蜂巢中的蜜蜂数量大约有2.5万只之多），成为搜寻炸弹的"专家"。另外，在飞行过程中，蜜蜂身上的静电还可以吸附一些尘土、花粉、土壤、病菌等微粒，包括爆炸装置泄漏到土壤和水中的化学物质，并将这些"标本"带回蜂窝内。

据美国媒体报道，为了降低地雷对人造成的危害，国际红十字会正在组织科学

家们对蜜蜂探测地雷的能力进行研究。科学家先用一块浸过糖水和炸药的海绵吸引蜜蜂，然后逐渐减少海绵中的糖分，同时增加炸药的含量。当蜜蜂熟悉了炸药的味道之后，科学家会在它们背上安装微小的跟踪定位装置，这样就能迅速找到地雷的位置。

◎训练中的蜜蜂

知识链接：

微小的跟踪定位装置：微小的跟踪定位装置指的是一个微型无线电标签，体积小于米粒，重量只有几十毫克，与它配套的是一种安装在蜂窝内的电子扫描装置。当蜜蜂飞出蜂窝时，启动扫描装置，读取每只蜜蜂的标签，将它的识别码、飞行方向和出发时间传给一个调制解调器，调制解调器再将这些数据传输给一台中央计算机。蜜蜂回到蜂窝时重复进行一遍这项程序，计算机的分析系统则可通过蜜蜂的舞蹈和带回的微粒判断它们是否发现了地雷，并确定雷区的方位和距离。

鸽子的"军功章"

鸽子是人类忠实的朋友，象征着友善、和平与吉祥。军鸽是鸽群中的一种，它们曾受到过严格的训练，其飞行能力很强，一般可达100多公里每小时，并具有良好的耐受力，能持续飞行很长时间。除此之外，军鸽的记忆力、辨别方向能力以及识别目标能力都相当惊人，即使它们被带到遥远陌生的地方，也能独自返回。军鸽的战斗意志非常坚定，在战场上从未发生过"逃兵"和降敌叛变的鸽子。古往今来，经过严格训练的军鸽曾多次担任侦察敌情、空中摄影、传递信件情报、引导飞行等任务，并屡建战功。我国早在楚汉战争和张骞出使西域时，就已有军事家们利用鸽子传递信息的历史记载了。

第一次世界大战中，法国间谍潜入德国境内侦察情报，他们将装有微型照相机的军鸽一组组地放飞，在这些鸽子身上安装的照相机里都有特殊的定时装置，每隔一段时间，就自动摁一次快门。结果，法军准确无误地得到了很多

◎鸽子

◎军鸽

军鸽带回的珍贵情报。

  第二次世界大战期间,军鸽发挥的巨大作用更是不胜枚举。意大利战场上就曾发生过"一只信鸽救了一个旅"的真实故事。当时,英军准备夺取德军占领的科尔维·韦基亚要地,由于德军设防严密,英军请示附近的美空军帮助轰炸。电报发出后,英军的一个旅在混战中冲入了德军要地,此时必须马上解除轰炸命令,否则英军的这个旅必将葬身其中。然而,正当英军准备电告美军暂停轰炸时,电台却遭到了破坏。情急之下,一名通信兵放飞了一只美国信鸽兵"乔"。就在短短的20分钟之内,美军接到了停止马上轰炸的情报,"乔"圆满地完成了任务,并被光荣地授予了金质奖章。

  1942年,一艘英国潜艇在大西洋上遭到了一枚德军深水炸弹的攻击,沉到了海底。潜艇内的大部分人员已经毙命,只有包括艇长在内的22人还存活在隔离舱内,生命危在旦夕。就在这时,艇长突然想起指挥舱内还有一对信鸽,便把最后一线希望全部寄托在这对信鸽身上。他将写好的求救信拴在信鸽身上,然后把它们装进一个特制的密封舱内,这个密封舱的舱盖上装有定时装置,一到预定时间,舱盖就会自动打开。密封舱经由鱼雷发射管,在海水和高压气体的作用下被发射到水面上。聪明的鸽子钻出密封舱,展翅将求救信送往海军基地。收到信后,基地指挥官立即派出救援部队,22名人员全部得救了。

第二次世界大战中,美军一支小分队在缅甸境内侦察情报时,不幸将无线电收发报机损坏,搜集到的大量重要情报不能及时发出。就在这危急关头,他们把情报交给了一只名叫"森林汉"的军鸽。经过良好训练的"森林汉"带着侦察分队搜集的情报,飞越崇山峻岭,行程360余公里,及时将情报送达盟军指挥部。这个隐蔽得极其严密的指挥部,即使是有经验的特工寻找起来也不那么容易,而这只小小的鸽子却准确无误地找到了,实在令人叹服。

1944年底,一只名叫"浅雨点"的雌性军鸽救了美军的一个团。在滇缅战场上,美军遭到日军包围,不仅如此,电台也全部被敌人破坏。这时,"浅雨点"以其高超的本领,连续飞行9个小时,行程510千米,将求援信及时送到了盟军司令部,救出了危在旦夕的被围部队。战后,这只军鸽被授予"缅甸皇后"称号。

我军从1951年起,正式将军鸽列入编制。经过专门训练的军鸽,在边境自卫还击作战中,成功地帮助了指战员们的通信联络。更可贵的是,在一名侦察员突发重疾,急需药物救治时,4只信鸽到后方"空运"药品,仅用20分钟便取来了急救药,使这名侦察员及早得救脱险,避免了在时间长、路途险的环境中,人员取药可能造成的伤亡。

20世纪70年代之后,又有一种大功率的窃听器在美国问世,情报人员将窃听器系在军鸽身上,然后将一束激光照射到需要窃听的目标上,鸽子就会按照激光的导向,乖乖地飞落到指定的地点。

在高技术侦察手段异常发达的今天,军鸽依然是许多国家军队不可或缺的一部分。在瑞士军队中服役的军鸽就达4万余只,基本等同于瑞士现役军人的数量。法国军队也有100多只训练有素的军鸽和几万只民间驯养的预备役军鸽,都在专门的机构登记注册,随时可以征用。

◎美国信鸽兵"乔"

海上来了"特种兵"

　　海豚是一种可爱而又聪明的智能动物,深受人类的喜爱。它们的脑部非常发达,不但大而且重。通常来说,成年男性的脑重与大西洋瓶鼻海豚的脑部重量十分接近,均在1 500克上下。而大西洋瓶鼻海豚的体重约250公斤,故脑重和体重的比值约为0.6%,这个值虽然远低于人类的1.93%,但却比大猩猩或日本猕猴等灵长类动物的比

◎可爱的海豚

值要大得多。

　　海豚大脑半球上的脑沟纵横交错，形成非常复杂的褶皱，而且大脑皮质每单位体积的细胞和神经细胞的数目非常多，神经分布也相当复杂。根据研究显示，人类大脑皮质的表面积为2 500平方厘米，而大西洋瓶鼻海豚大脑皮质的表面积则为3 745平方厘米，是人类的1.5倍。并且，海豚脑部神经细胞的数目远远超过了人类或黑猩猩的脑部神经细胞数。因此，无论是从脑重和体重的比值，还是从大脑皮质的褶皱数目和脑部神经细胞数来看，大西洋瓶鼻海豚的记忆力和信息处理能力，一定不在灵长类动物之下，甚至要高出它们许多。

　　海豚头部的瓣膜和气囊系统，具有回声定位功能，并能准确地发射出超声波。因此，它能够十分灵活地跟踪和捕捉各种目标，即使在光线黑暗，地质情况复杂的海洋世界，也不会因为任何自然环境的局限，使自己受到伤害。海豚具有极高的分辨目标本领，无论是喜欢吃的石首鱼，还是厌恶的鲻鱼，它都能在3公里以外准确无误地分辨出来。它还能够避开障碍物找寻到自己的目标。科学家们曾做过这样的实验来检测海豚的分辨力：在迷宫中放置两个直径分别为5.2厘米和6.1厘米的镍钢球，并设置很多迷惑让海豚辨别，可即使是将海豚的眼睛蒙上，它们也能毫不费力地区分出两个大小不同的目标。科学家们还在一张网上做了两个门，轮流开关，关着的门用透明的塑料板挡起来，让海豚进入网中，但它从来也不会走错两个看似极其相同的小门。海豚还特别善于学习，掌握本领的效率是猴子的十几甚至几十倍。并且，海豚在学习态度上非常端正，甚至强过许多小孩。当它们答对题时，便兴奋地叫着游向训练者，可答错时，就显出垂头丧气之态，表示心里的不快，在不能确定答案的时候，海豚也会耍小花招，它们非常善于通过观察训练者的表情来确定最终的答案。

◎训练中的海豚

由于海豚智力较高，能力较强，并具备相当的责任心，美国军队将它们训练成专门的"水下侦察兵"，并多次投入战争使用，成功地完成了水下各种作战任务。

早在1962年古巴导弹危机期间，美国中央情报局就派出"海豚侦察兵"到哈瓦那港窃听苏军的资料。美军用一艘伪装船把海豚运到港内后，将船底一个特设的门打开，让海豚出来，并指示它们把携带的侦察仪器放置在港内停泊的苏联核动力船的外壳上。苏联船上的全部资料就这样被美方神不知鬼不觉地窃走了。

美国海军还将"海豚兵"用于识别和打捞等任务中。1965年至1967年间，海豚成功地在60米水深处找到了美国"阿斯罗克"反潜火箭脱落的战斗部和"天狮星"巡航导弹的发射轮架。1967年至1968年，美国首次将海豚用于寻找和识别装有同样音响信标的教学水雷，海豚果然不负众望，17枚水雷仅用3天时间便被它们全部找到，是潜水员完成任务时间的一半，着实令人叹服。

20世纪70年代，美国还专门对海豚进行扫雷训练，取得显著成效。战争中，海上航行的军舰，常常会受到水雷的威胁，无论是漂浮式水雷还是暗藏式水雷，都非常难以对付。即使是扫雷艇，也会因吃水浅而"望雷莫及"，潜水员只得驾驶小艇，在极端危险的情况下，把缆绳切断，使水雷漂到水面上，然后将它安全引爆，但这并不能完全解决问题。为对付这两种水雷，美国海军想尽了办法，他们让直升机拖着一个雪橇式扫雷器，以便及时引爆水雷。但是，根据规定，不能在公海里使用雪橇式扫雷器，而且一旦遇到恶劣的天气，直升机不能出航，扫雷计划也就不能顺利开展。在这种情况下，海豚帮了美军的大忙。经过专门训练的海豚用眼睛和自身的声纳系统识别水雷，一旦侦察到水雷，它们便在海面跳跃，告诉人们海区有水雷。有些更加聪明的海豚甚至还能把炸药带放到水雷旁边，将水雷引爆。

海豚除了作为水里的优秀侦察员协助军队侦察各种情报外，还可作为战场上的得力攻击性武器。1971年越南战争期间，美国海军曾在越南金兰湾部署了一支杀伤力极强的"哨兵杀手"，来对付企图接近美国军舰的越南潜水员。这支小分队其实就是由12名驯兽员和6只海豚组成的"水下侦察兵"。据资料记载，"这些经过训练的海豚，一旦发现越南潜水员后，便立即向驯兽员发出无线电信号。接到指令后，它们就会飞快地追上前去，把固定在头部类似注射器的武器插入对方体内，并放出高压二氧化碳。被刺伤的人，皮下肌肉绽裂，气体源源注入，导致结肠、直肠脱位而集结在一起向肛门冲去，胃部则被挤向上方，从口腔喷出。尸体因充满气体而浮出海面"。据统计，在一年多的时间里，海豚共截击了60名越军潜水员。

◎扫雷艇

　　1978年，海湾地区风云突变，美伊摩擦加剧。美国为了维护其在海湾地区的利益，除了动用强大人力、物力进行海湾护航之外，还利用海豚执行巡逻、反潜、排雷和警戒等重要任务，加强了美海军的水下监督和侦察能力。当时，美军的一艘巨型军事驳船，停泊在海湾北部法西岛附近。这不是一只普通的船舰，它作为美军的海上流动补给基地，是美军后勤力量的重要来源。如果将这艘驳船击毁，美军必定损失惨重。为了确保安全，美国海军将6只海豚部署在驳船周围侦察巡逻，一旦发现伊朗特工人员进行蓄意攻击和破坏，海豚便一涌而上，用装有重型夹钳的鼻子猛击敌人，然后浮出水面吼叫或用嘴拉响警报器通知船上的哨兵，伊朗军队对此束手无策。

知识链接：

　　漂浮式水雷：由固定在海床上的缆绳系浮于水中的水雷，危险系数极高，一碰到船只就会发生爆炸。

　　暗藏式水雷：一种精密度很高的水雷，通常被放置在海床上。一旦探测到舰船经过时发出的声波或磁波，便会自动起爆。

神奇的侦察犬

侦察犬是一种相当灵敏的动物，与其他普通犬类不同的是，它们是严格按照"警犬录用标准"的规定要求从一大批优秀犬种中挑选出来的。它们的耐力特别强，嗅觉也极为灵敏，能嗅出几百万种物质的不同气味，是人类嗅觉能力的300万倍。经过训练，这种犬能适应各种战斗环境，完成各种预定科目和作战任务。一般来说，战时的一只军犬可代替5至10人，既安全可靠，又能节省人力，避免人员伤亡。它们被欧洲一些国家军队的指挥官誉为"雷达、无线电、飞机、坦克等现代武器的必要补充"。

驯养军犬是欧洲许多国家军队统帅的爱好之一。拿破仑和彼得大帝都曾将他们各自驯养的爱犬作为直接进攻的武器，为夺取战争胜利发挥了重要作用。近现代，随着枪炮等杀伤力较强的火力武器的出现，军犬凭借灵敏的嗅觉、听觉和独特的夜视力，在任何地形上敏捷的活动力和对困苦条件的忍耐性，作为重要的辅助武器，被人类创造性地应用到战地通信、救护伤员、前沿侦察、营地警卫、战场搜索、防区巡逻，以及爆破等军事活动中。

第一次世界大战期间，大批的军犬辅助作战，给部队带来了极大的方便。法国是第一次世界大战中成功运用军犬的一个典型国家，法军专门训练的1 000条侦察犬在通信联络工作中发挥了巨大的作用。通常情况下，战时军犬的运用，一般取决于其配属部队的性质。比如，机枪分队将军犬用于驮运机枪弹药；红十字分队将军犬用于寻觅

◎侦察犬

伤员；步兵分队的军犬用来传递情报、警戒阵地；指挥部的军犬则主要用于帮助各阵地之间传递命令。军犬们以其机智和勇敢，为世人所瞩目和称赞，当然，它们所取得的卓越战绩和赫赫战功，也是以巨大的牺牲为代价换取而来的。当时，德、意、法、英等一些国家培训的5万—8万只军犬，在战场上屡次成功地完成了传递情报和搜救伤员的任务，但其中约有7 000只军犬战死沙场。随着战事的发展壮大，英、法军队原有的军犬数量已不能完全满足战争的需要，于是，他们便在短短一天时间里从民间征集到近2 000条军犬，并召集驯犬专家和养犬爱好者就地对这些民间犬种进行培训，以便能够尽快参战。

第二次世界大战期间，军犬仍然作为战争要素的重要组成部分，被广泛应用于许多军事方面。第二次世界大战中，同盟国和轴心国共投入了25万只军犬，根据专业不同，特长各异，它们可分为探雷犬、反坦克犬、侦察犬、爆破犬、弹药运输犬、通信联络犬、警卫犬和急救犬等，它们在沟通部队联络、侦察敌情、捕获和押运战俘、寻觅和救助伤员等活动中，充分发挥出作用。其中，德军情报机关还曾训练了大批侦察犬携带微型窃听装置、微型照相机等器材潜入对方阵地，并成功获取重要情报；美、英、法的"勇士"们也除掉了703座城镇的地雷，救出了69万人次负伤官兵，完成了人类难以完成的任务。

◎德国军犬

◎警犬

美国也十分重视侦察犬的培养和训练。美国在第一次世界大战后建立了拉克兰空军基地（位于堪萨斯州）和贝宁堡步兵侦察犬训练中心（位于佐治亚州），对军犬进行专门的培训。朝鲜战争中，空军的哨犬和陆军巡逻队的侦察犬很好地执行了警卫勤务，从而大大减少了人员伤亡。有一只叫"约克"的侦察犬，曾作为148个巡逻队员的先头侦察兵，使这些战斗巡逻队无一人伤亡。

现代战争中，尽管武器装备和战争样式都不同程度地发生了变化，但侦察犬的地位和作用仍然非常重要。埃及与以色列的战争过后，联合国出于人道主义，曾动用现代化电子设备，寻找埋在西奈沙漠里的士兵尸体，然而，两个月的时间仅找到8具尸体，结果并不乐观。这时，英国的6只侦察犬派上了用场。它们利用自己灵敏的嗅觉和超强的记忆力，在10周的时间里竟找到了400多具尸体。英国的侦察犬还曾到肯尼亚执行任务，帮助当地警察搜捕象牙偷盗者，并成功完成了任务。

战争时期，侦察犬为军队作出了巨大的贡献，在恐怖事件依然猖獗的和平年代，它们也能帮助人们及时躲避灾难。2007年2月，哥伦比亚首都波哥大市诺加尔俱乐部内发生了一起严重的汽车炸弹爆炸事件，造成30多人死亡，160多人受伤。事情发生后，波哥大人民纷纷加强戒备，侦察犬也越来越多地出现在人们生活周围。这些炸弹侦察犬经过严格的训练，能够成功地找出炸弹，准确率高达98%。2002年，在炸弹侦察犬的协助下，警方共查获36吨炸药，2003年年初至今又找到14吨炸药。然而，在炸弹侦察犬备受欢迎的同时，它们也成了恐怖分子袭击的主要目标。据一位军方发言人介绍，哥伦比亚规模最大的游击队组织"哥伦比亚革命武装力量"已经发出悬赏，"杀死任何一条在军队里服役的用于侦察炸弹和地雷的狗，就可以得到170美元奖金"。

◎奥地利训练军犬

第6章
精锐的军中贵族

  中外历史上的多次战争，无论是发生在国家与国家之间的，还是本国的内战，侦察兵都是战场上不可或缺的组成部分。他们在行动中发挥出巨大的作用，赢得了战争的主动权，有些甚至直接取得了令人意想不到的胜利。下面就让我们走进一个个惊心动魄的侦察与反侦察的真实故事……

秘密行动

摩尔曼斯克是一个位于北冰洋的不冻港，也是"二战"时英美向苏联提供军事物资援助的重要港口，它的特殊地理位置和军事意义时刻牵动着德国总参谋部的神经。根据德国当时获悉的情报，仅在战争开始的第一年，盟军就通过这个港口向苏联运送了3 052架飞机，4 048辆坦克和52万辆汽车。当然，在实际过程中，盟军提供的援助远远不止这些。

为了切断盟军的资源输送，戈林的空军对摩尔曼斯克港口、铁路枢纽和铁路线等重要职能交通要塞进行了多次轰炸，尽管轰炸的力度不小，但苏联很快就将被摧毁的

◎ "二战"时盟军轰炸机

地段修复。鉴于战争态势的发展，德国空军转变了作战意图。他们认为，与其轰炸这些容易修复的目标，还不如直接把轰炸机集中起来，击沉在大西洋和北冰洋上颠簸的盟军运输船队。1941年末，德国总参谋部便派遣勃兰登堡侦察部队深入苏联内部去破坏摩尔曼斯克铁路线。

◎勃兰登堡侦察部队在进行射击训练

按照德国总参谋部的计划，勃兰登堡侦察部队的任务是秘密从卡累利阿中部或者北部潜入战线后方，尽可能地破坏摩尔曼斯克的交通线和交通枢纽，以期达到迟滞或毁坏盟军为苏联提供军事物资的目的。

勃兰登堡侦察部队经过层层选拔，终于确定了这次艰巨任务的所有执行人员，其中，乌克兰人、白俄罗斯人、德意志人和来自奥地利的德国人占全连总人数的三分之二。为了顺利完成任务，队员们仅凭决心和意志是远远不够的，他们还必须进行严格的技巧训练，并掌握很多附加技能。同时，德国最好的滑雪运动员也被征召到部队，其中包括1936年柏林奥运会的滑雪金牌获得者。德国陆军后勤部门还为他们提供了40只经过专门训练的雪橇狗和用于在行动中拉动装载物资的雪橇，它们被训练得忠实不渝，甚至在交火时也不愿抛弃自己的主人。几个熟悉当地情况的芬兰人和德国人也奉命加入到该连，其中，有两个德国人战前曾经在那个地区徒步旅游，他们的加入对行动成败有着非常重要的作用。此外，水净化专家、武器专家也加入到战斗的行列。为了防止恶劣天气的影响，这个队伍里甚至还有一个气象工程师。根据勃兰登堡部队人员的要求，德国科学家和专业技术人员也组成专门小组，为参加这次行动的成员设计并制作了特制的雪地背包。

经过长达一年的精心准备，1942年4月，德国总参谋部决定让勃兰登堡侦察部队先进行一次战斗演练，以全面测试突击队突破苏联战线深入敌后的综合实战能力。然而，由于战场地理位置和自然环境十分特殊，任务开始不久，北极圈内茫茫雪原和茂密的森林就严重妨碍了突击队的行进速度，侦察部队的军官们迅速意识到他们考虑得还不够完善，只好从苏联战线的后方撤回。这时，苏联军队为了配合列宁格勒方面军粉碎德军的围困，在卡累利阿发动了一次大规模的进攻，勃兰登堡侦察部队被德军投入到阵地战中。幸运的是，苏军仅仅是一个佯动而已，因此，侦察部队并未遭受太大的伤亡。

经过上次行动的失败，队员们仔细检讨，分析原因，制定了一系列加强部队战斗力的规划：首先就是要提高部队人员的整体素质。尽管组成侦察部队的所有人员都具备相当的专业技能，但是由于他们背景不同，生活环境等各方面的差异，使他们在短时间内很难协调一致，配合默契。因此，侦察部队在重新整编之后，挑选出了富有创新精神、技术精湛的指挥员，在他们的领导下，所有队员能够更快地融入到整个集体中。其次，他们针对以往的失败和疏忽，周密计划，严格训练，在制定作战计划行动时，尽可能避开威胁较大的地区。他们尝试利用橡皮艇的帮助，横穿卡累利阿的湖泊和河流，这样就能够避免森林的阻碍。然而，在星罗棋布的湖泊和河流中穿行，就必须有优秀的向导。于是，德国人向芬兰军队求助，并得到了芬兰军队的同意，同时，几个向德军投降的苏联士兵也加入进来，德军也对这些新加入人员迅速进行了培训，以保证计划的顺利实施。

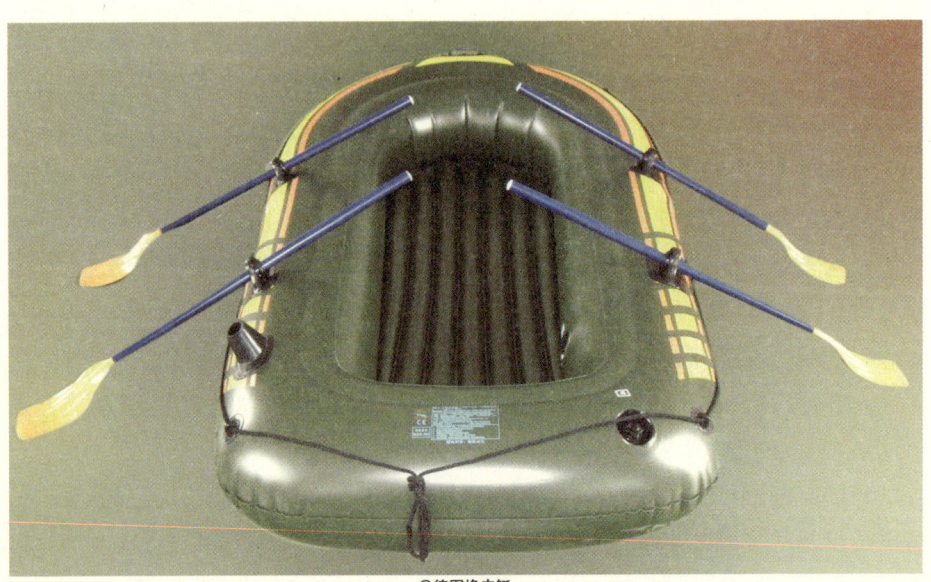

◎德军橡皮艇

◎MG轻机枪

知识链接：

勃兰登堡侦察部队：在第二次世界大战爆发之前，1938年底，应德国武装部队最高统帅部的要求，德国谍报局二处开始征召一支特种临时小分队。小分队的成员要求是自愿加入，征召这支小分队人员的工作是在绝对秘密的情况下进行的，他们的早期活动迄今为止还是一个谜。这只小分队就是现代特种部队的雏形——第三帝国的勃兰登堡部队，它对特种部队的发展进程起着至关重要的影响。

赫尔曼·威廉·戈林(1893—1946年)：纳粹德国的第二号要人，德国进行侵略战争的元凶之一。他既是德国法西斯政治、经济与军事的首脑，也是制定奴役劳工计划、镇压残杀犹太人和其他种族的主谋，因此，纽伦堡审判判定他是"仅次于希特勒而集全体被告罪恶活动之大成的人物"。1933年5月，他被任命为航空部部长后，立即着手准备建立空军。

◎滑雪板

　　德军给所有人都配发了芬兰和苏联的自动步枪，另外，每个小分队都装备一门80mm迫击炮和两挺MG轻机枪。为了通讯联络，突击队还配备了无线电台，话务员被专门训练使用苏联通用的四位数电报码，放弃使用德国的五位电报码，以确保情报的绝对隐秘。此外，还配备一架JU88飞机负责为突击队空投必要的器材。

　　1942年7月25日，勃兰登堡部队开始了第二次尝试。在任务正式进行之前，德军进行了非常严格的保密动员。他们要求参加这次行动的人尽可能隐瞒自己的身份，一切能显示自己是芬兰或德国军队成员的标识被统统取下，包括军衔、臂章、个人身份识别牌等物品。他们还为每个队员配发了一副滑雪板、一把芬兰伐木工人用的砍刀和一个子弹袋，同时，每个小队还领到一门迫击炮；除了配发的自动步枪，每个分队还装备了三挺轻机枪，并为每挺机枪准备了2 500发子弹。在解决粮食问题方面，德军特意建立了7个物资小队分布在整个路线上，为突击队提供必要的物资支援，每个物资

知识链接：

佯动：制造假象以欺骗和迷惑敌人的作战行动。有战术佯动、战役佯动和战略佯动。目的是隐蔽企图，造成敌人的错觉和不意，钳制或调动敌人，为实现作战企图创造条件。

阵地战：军队在相对固定的战线上，进行阵地攻防的作战形式。现代战争中，防御一方通常纵深配置兵力，组织完整的防御体系，构筑坚固工事，结合反冲击、反突击等攻势行动，消耗攻方力量，阻止攻方进攻，为转入反攻和进攻创造条件。

营地计划由3个士兵守卫。

　　德国人以一贯的严谨顺利进行着每件事情。经过长时间的长途行军，勃兰登堡侦察部队终于穿越了渺无人烟的北极圈，于1942年8月8日到达了摩尔曼斯克铁路线。然而，所有勃兰登堡队员都惊讶地发现，在他们活动的整个铁路沿线地区，竟然没有看到苏军巡逻队和治安警察。经过仔细的侦察后，他们才知道这里的苏军根本就没有铁路警卫系统。

　　真正的行动开始了，他们将压发爆破装置和定时爆破物按照事先计划的要求隐蔽放置在铁路的铁轨下面，并且将很多压发爆炸物尽可能远地分散放置，以保证能够炸毁尽可能多的列车。所有的任务完成后，两个勃兰登堡侦察兵自愿留下来对战事进行观察，以防不备。

　　不一会儿，一列满载的列车从摩尔曼斯克开来，列车引爆了放置在一座桥梁上的第一枚压发炸弹，车厢翻滚到河里，车上装载的军事物资散落了一地。可是，来到现场的苏联人没有一个对检查事故的原因感兴趣，他们首先关心的是尽可能快地修复铁路去运送更多的盟军军用物资。这时，所有的人都来到事故发生地，紧张地忙着修复被德国人炸毁的铁轨和军事物资。

　　应该说，德军这次对苏联的军事袭击是相当成功的，他们不仅破坏了盟军对苏联的军事援助渠道，还令苏联人内部发生了一定程度的内讧。由于苏联方面没有人听到或是看到异常的情况，因此他们很快判断并非内奸或间谍的破坏造成了事故，而是内部出现了"人民的敌人"。在同一天内很短的时间里，有7枚炸弹在铁路沿线约6英

◎渺无人烟的北极圈

里的范围内爆炸,并造成另一起翻车事故。苏联内务部经过分析,认为这一地区的当地人对此有着不可推卸的责任,遂枪决了很多事发当天经过这段铁路线的当地居民,就连回家探亲的苏联军人也不能幸免。事故发生后的第三天,铁路沿线仍然有炸弹爆炸,一个负责修复铁路的工程队也遭到内务部人员的怀疑。内务部部队严格搜捕了这个地区,但是他们始终没能够搜捕到留下来观察的两名侦察兵,甚至连剩下的炸弹也没有找到。两个德国人看到了所有事情后,迅速撤离并且成功地与其他队员会合。

直到1945年11月30日,勃兰登堡侦察部队战后幸存的指挥官冯·腊豪森将军,作为国际军事法庭的证人,在纽伦堡接受了关于陆军反希特勒密谋轰动的调查询问时,苏联人才明白了这次事故的全部真相。以下是苏联检查官鲁登科将军和冯·腊豪森将军针对德国突击队在战争中的活动的对话片断:

冯·腊豪森:是的……一些德国国防军特殊部队也在国外活动,我们的突击队曾经在敌人后方活动……

鲁登科:那么,在卡累利阿也有这样的事情?

冯·腊豪森:这个突击行动(在卡累利阿)是由舍尔纳将军策划的,计划使用突击队破坏摩尔曼斯克的铁路线,那开始于1941年,舍尔纳将军当时从笛特尔将军的司令部接受命令,几天后……

知识链接:

个人身份识别牌:一个载有士兵信息的金属片,内附常有的一些标识,如兵种、部队番号、姓名、军衔、血型等。

迫击炮:步兵的一种传统装备。它是以座板承受后坐力、发射迫击炮弹的一种曲射火炮。它具有弹道弯曲、射速快、威力大、重量轻、体积小、便于机动、结构简单、易于操作、造价低廉等特点。适合步兵在较复杂的地形和恶劣气候条件下使用。它便于选择阵地,可以消灭遮蔽物后的敌人,摧毁敌障碍物及轻型土木工事,为步兵开辟道路。

高空电子侦察兵

1962年10月24日，加勒比海的古巴海域遭到了美国庞大舰队的全面封锁。80架B-52战斗轰炸机满载核弹，通宵达旦地轮流在大西洋上空盘旋，100枚"宇宙神"、50枚"大力神"和12枚"民兵"洲际导弹在发射台上随时待命。美国海军麾下9万人的陆战队和25万人的增援部队，以及可发动2 000架次攻击的军用飞机也都处于高度戒备状态。美国之所以如此兴师动众，以大兵压境，矛头只有一个：古巴。

◎B-52战斗轰炸机

事实上，早在1959年古巴革命胜利时，美国就开始孕育这次行动了。几乎处在美国鼻尖底下的古巴，地理位置十分特殊，不仅很容易在美国的后院"引火"，动摇美国在拉美的霸权地位，而且在加勒比海地区打开了一个缺口，使苏联这个超级大国对拉美的渗透和扩张有了一个立足点。尤其是在赫鲁晓夫当政时期，苏联企图将古巴作为同美国相互争夺的一个筹码。因此，美国一直想拔掉古巴这枚眼中钉，以免受其干扰。

1961年7月，苏联领导人赫鲁晓夫为了报复美国在土耳其、意大利和联邦德国部署导弹基地的阴险行径，便打着保卫古巴的旗号，下令在古巴修建导弹发射场，并试图将42枚苏制SS-4、SS-5这些威力极强的中程核导弹及轰炸机部署在古巴发射场内。

美国当然不会对苏联政府的行为无动于衷。美军利用高技术侦察手段，果然发现有一支运送核导弹的苏联船队乘风破浪地挺进古巴。这使美国政府怒不可遏，坚决要对苏联的这种行为采取有效措施予以制裁，他们立即派出19艘巡洋舰和驱逐舰前去拦截苏联船队。这时，赫鲁晓夫才意识到事态的严重性，便下令在大西洋停留的苏联船队立即掉头返回，并在1个月内撤走苏联驻古巴的导弹基地和轰炸机。接着，美国也下令取消了对古巴大兵压境的军事封锁。就这样，一场原本可能造成巨大危机的导弹风波平息了下来。

◎美军巡洋舰

◎美军U-2高空侦察机

从表面上看，这似乎只是美、苏两个超级大国在政治和军事上的较量，但实际上，在这场导弹风波的背后，却隐藏着两个国家的电子侦察战。确切地说，1961年8月，美国情报部门获悉苏联在古巴部署核导弹的信息后，便立即利用侦察技术查清苏联动态，并派出U-2高空侦察机摄影核实，从侦察飞机拍摄到苏联正在古巴安装导弹的照片，以及美国电子侦察船在古巴海域侦察时，无线电接收机接收到的一种异常电子辐射信号（后被证实是苏联中远程核导弹制导雷达发射的信号）来看，苏联在古巴部署核导弹在很大程度上属实。

为了进一步证实上述侦察情况，美国在一个月内派U-2侦察机飞临古巴上空50多次，截收到大量的遥测信号，并拍摄了大量的航空照片，进一步核实了苏联的确正在古巴修建一个射程为1 100英里的中程导弹基地，而且部署的是核导弹。

美国情报部门立刻将这一情况报告给肯尼迪总统。总统对此十分惊讶，他立即召开国家安全紧急会议，决定对古巴进行海上和空中封锁，并指示情报部门进一步查清苏联在古巴部署的中程核导弹和其他导弹的数量、类型等情况。

随后，美国再次调动海、陆、空、天的无线电侦察力量，并派出了先进的RF-101电子侦察机进行高空和超低空的多次侦察，终于核实了全部情况：在古巴境

知识链接：

古巴革命：1959年1月1日，古巴人民在菲德尔·卡斯特罗领导下，推翻巴蒂斯塔亲美独裁统治，取得民族民主革命胜利。

◎美国前总统肯尼迪

内共有42套中程弹道导弹发射架,其中12套已全部安装完毕。另外,还有42架可携带炸弹的远程喷气式轰炸机,以及用于防空的萨姆－2导弹114枚。

肯尼迪总统就这次事件向全世界发表了电视广播演说,公布了苏联在古巴修建中程核导弹设施的秘密。他在会见美国情报部门负责人时说:"假如我们不是利用电子侦察技术迅速发现和查清苏联在古巴部署导弹的情况,那么问题要比现在严重得多。"

在这场侦察战中,尽管两国侦察兵之间没有进行直接的武力格斗,但作为超级大国的美国却在战争中凭借着先进的侦察武器和侦察人员的灵敏机智赢得了战场上的主动权。美军在侦察过程中基本没有人员伤亡,侦察人员操纵着先进的武器秘密成功获取了敌军的情报。虽然,美国飞机执行侦察任务时,由于作战力量的单一,作战手段的生僻,侦察人员在心理上也出现过紧张、胆怯等小问题,但他们毕竟经过严格训练,很快就能将自己的情绪调整到最佳状态,顺利完成了侦察任务,把所有的情报准确无误地送回美国总部,为美国政府进一步采取行动提供了可靠的线索和依据。

◎EA－6B电子干扰飞机

沙漠中的较量

1991年1月17日凌晨,美国F-117A隐形战斗轰炸机运载着一枚900公斤的激光制导炸弹悄然出现在沙漠城的夜空。当制导炸弹投下地面的一刹那,只见火光一闪,巴格达的夜空顿时听见惊雷般的一响,代号为"沙漠风暴"的海湾战争就此拉开了序幕。

◎美国F-117A隐形战斗轰炸机

海湾战争爆发后，伊拉克的"飞毛腿"导弹不断袭击以色列，企图迫使以军卷入这场战斗，进而导致一些阿拉伯国家对以色列开战，从而干扰美国"沙漠风暴"的行动计划。由于"飞毛腿"导弹涉及的政治意义非同一般，美国对此焦虑万分。为了判断"飞毛腿"导弹的真正行踪，并对伊境内的所有雷达和无线电通信进行全面的电子干扰，他们调集了1 500余名电子战专家，根据美国侦察卫星、侦察飞机、间谍潜艇及众多的地面无线电侦察站所侦察到的伊拉克的各种电子情报信息，精心制定了代号为"白雪行动"的电子战计划。

最初，美国海军仅仅出动了几架EA－6B电子干扰飞机，对伊拉克的各种无线电通信和电磁波制导武器的信号进行干扰，这时的伊军雷达屏幕上下的只是"毛毛雪"。过了几个小时以后，"白雪行动"的雪花开始加大。美军又派出30架电子战飞机向伊拉克的空军通信网和地面雷达释放电子干扰波，同时，美国设在沙特阿拉伯的高功率电子干扰机，也向伊拉克方向实施强大的无线电干扰，以致伊军的雷达屏幕上总是白茫茫的雪花，什么也看不见，伊军绝大部分通信系统也相继失灵。随后，"毛毛雪"又变成了"中雪"。美国再次派出数十架飞机，使用高频、超高频和甚高频，对准伊拉克的无线电通信系统、雷达系统和各种导弹的无线电制导系统等，进行长时间的干扰和压制，使伊拉克的通信、情报和控制系统陷入一片混乱之中。接着，"雪花"越来越大，五架E－3A、E－8A、E－2C预警和指挥飞机，与十余架F－4C、EA－6B、EF－111A等专用电子干扰机共同组成的电子战机群，从位于波斯湾的航空母

知识链接：

电子战：交战双方利用电子设备围绕争夺制电磁权而进行的斗争。电子战主要包括电子进攻、电子防御和电子支援三大要素。从通信对抗、雷达对抗、水声对抗发展到反辐射对抗、光电对抗、隐身对抗，以及卫星和强辐射对抗等等。如今，电子战已经成为现代战争不可或缺的重要作战手段。

地毯式轰炸：由美军在越南战争中使用的一种先进战术轰炸方式，就是每间隔50米就投下1枚炸弹，对目标区进行大范围乱炸，像耕地似的把目标区的全部土地翻个身，以期达到将敌人一个不剩地消灭的结果。这种作战方式的优点在于：首先，能大面积杀伤对方。其次，连续的爆炸声能够涣散敌人的军心并威慑敌军；再次，许多过时的炸弹在此刻也能派上用场，不会造成资源浪费。

舰上起飞，紧接着，强大的远程轰炸机编队也跟着升空，一同飞向巴格达。很快，伊拉克的无线电通信彻底失灵，雷达变成了"瞎子"，指挥机关处于一片混乱之中。

这时，以美国为首的多国部队派出1 000多架装备着电子战设备的作战飞机，直插伊拉克的腹地。庞大的机群当然没有遇到任何空中阻击，便顺利到达目标上空，开始对伊拉克的军事指挥中心、战略要地等军事目标进行"地毯式"轰炸。

"白雪行动"以阶段性的胜利告捷。但是，要想完全解决伊拉克"飞毛腿"导弹的隐患，还得派出一支精干的小部队，对"飞毛腿"导弹进行实地侦察，弄清导弹的所有动向。这项任务当然非侦察兵莫属。美军立即挑选出一些长相与伊拉克人相似、能说一口流利的阿拉伯语的美籍阿拉伯后裔，并为他们每人配发了轻武器、激光目标指示器、望远镜和数控静止图像摄像机等装备。深夜里，侦察兵们乘坐着直升机降落在伊拉克境内一片荒无人烟的地方。侦察兵们以3—6人为一组，分头行动，很快就获取到"飞毛腿"导弹的目标图像和精确坐标，并把他们拍摄到的图像和照片利用卫星传回总部。

美军总部得到确切情报后，立即派出F-15战斗轰炸机迅速飞临侦察兵们发现的"飞毛腿"导弹阵地上空。地面潜伏的侦察兵用激光目标指示器照射"飞毛腿"导弹

◎EF-111A专用电子干扰机

◎E-3A预警机

◎航空母舰

发射架，F-15飞行员在反射波的帮助下将炸弹投了下去，摧毁了导弹发射架。完成任务后，战斗轰炸机顺利返航，侦察兵们也在安全的地方隐蔽了起来，不久，就被美军的直升机接应回总部。

就这样，美军侦察突击队员们在短短的15天时间内，发现并摧毁了12个"飞毛腿"导弹发射架。然而，更大的胜利还在后面。海湾战争的最后一天，也就是1991年2月27日，侦察兵们发现伊拉克西部边界附近还有26枚"飞毛腿"导弹，他们立即向总部汇报情况，并召来战斗轰炸机将其全部炸毁。

海湾战争结束后，多国部队司令施瓦茨科普夫将军向侦察突击队致电说："以色列没有介入，这件事应归功于你们的努力。"有趣的是，直至战争结束，伊拉克也没有发现这支侦察小分队的任何动向，这对伊军而言，将永远成为一个不解之谜……

知识链接：

轻武器：陆军步兵的基本武器，也是海、空军和其他军、兵种的自卫和近战突击武器。主要包括手枪、冲锋枪、步枪、机枪，此外，还包括榴弹发射器、火箭筒、喷火器、手榴弹、枪榴弹等。

"下水道"先锋

在一个夜深人静的夜晚，当整个城市已经熟睡，家家户户都进入梦乡的时候，一个沉重的下水道口盖板被无声的移开，三名士兵悄悄地从里面爬了出来。他们小心翼翼地将盖板盖好，然后迅速躲闪穿插，消失在黑蒙蒙的夜幕之中。道路上一个人影也没有，静悄悄的，而在地下，下水道里，另外三名士兵继续在臭气熏天、寒气彻骨的黑暗中摸索前进。

这些士兵是法国军队中一支侦察突击小分队的队员，他们正在接受训练，任务是侦察有关地区，为后面的部队找到安全的前进通道，并在保护地面设施的前提下禁止敌人进入有关通道。在战场上，要想接近那些受保护的目标，如弹药库或燃料库，通讯中心或指挥中心等，利用河流和下水道进行侦察当然是比较安全而又可行的办法，于是，法国的这支"下水道"先锋侦察突击队应运而生。他们专门负责完成在河流综合地带、城区或城市郊区的秘密侦察任务，进而搜集情报，并为后面的大部队开道。

为了使侦察兵们能够在极端艰苦的条件下完成任务，侦察训练过程中无疑要忍受很多痛苦，经历很多磨难。当然，想成为突击队的成员，也并非那么容易，所有人都要经过"无情"的考试，合格者才有资格入围。考试的内容和今后他们训练的内容如出一辙，首先，他们要习惯冷水的刺激，接着要在深沟里潜水，并通过池塘和沼泽。但这仅仅是考试的第一步，往往只有四分之一的通过率，这些人将获得基本技能证书。

接下来还有更加严峻的挑战等待着获得基本技能证书的成员们。他们要逐步适应在下水道的阶段性训练，一旦教官发现哪个队员怕污物进入眼睛、鼻子和嘴而影响训练，就会不讲情面地把他的头摁进污水中。教官说，这种训练的目的就是要"使队员们摆脱一般人的羞耻心和自尊心，培养在任何情况下都能够忍受的精神力量"。

除此之外，他们还要学习工程技术、扫雷技术、安放爆破物、通讯、基本的医疗技术以及各种实用技术等本领，当然，他们必须能够在水下使用这些技术手段应对敌人的各种行动。

数月的训练告一段落，考核水上侦察兵的时候到了。一个漆黑的夜晚，先锋队员们突然接到上级命令，要求他们在规定的时间内，从一个陌生的环境进入城市的下水道。命令下达完毕后，他们就被空投到了一处荒无人烟的水域。侦察兵们并没有丝毫慌张，他们乘坐随身携带的帆布划子逆流而上，然后潜游到城市附近。在进行潜游时，他们使用了一种特殊的呼吸器，说它特殊，是因为呼吸器两端中的一端是封闭状态，不能排气，因而不会在水面上出现气泡。利用这些有限的工具，侦察兵们进入到城市的管道，然后轻而易举地来到了城市的下水道。任务结束的时候，天还没有亮。上级对他们优秀的表现赞誉有加。

随着时代的变化，恐怖犯罪等事件逐步威胁到人类的安全，此时，人们越来越需要一支高度专业化、具有处理各种紧急事件能力的侦察部队发挥他们的作用，破解敌特分子的丑恶计划。"下水道"先锋部队在完成渗透突击的过程中，为维护法国国家安全作出了巨大的贡献，因而，也赢得了法国人民的好评。

侦察兵
ZhenChaBing

第 7 章
聚焦侦察突击队

虽然在科技如此进步的时代里，许多战地情报已可经由卫星、无人侦察机与各型相关的高科技探测器材得知敌军的动态，但敌军也会尽可能的采取一切防护措施，防止相关情报遭侦测。而在如此你来我往的势态中，由侦察部队渗透、潜入敌阵线后方侦察的模式，不但不见没落，反而日趋重要。

极限耐力——南非侦察突击队

南非侦察突击队是南非特种部队的精粹，直接隶属于南非国防军司令部指挥，是一支短小精干，战斗力强，历史较悠久以及经验较丰富的精锐部队，也是南非武装力量中的先遣部队，担负着渗透到敌人纵深地区获取情报和追踪敌方单位并深入敌方境内行动的重要任务。他们头戴丛林帽，身着橘红色的夹克和宽松裤，脚蹬低筒靴，一身标准的南非国防军制式作战服将他们装扮得神秘而又威风。

鉴于任务的复杂性和危险性，南非侦察突击队的技能培训也相应多样化。士兵们除了能够在陆地上行动自如，还要具备空中和海上作战能力。和所有侦察部队一样，每名侦察兵都要掌握丛林追踪和野外生存的技能。伞兵训练当然必不可少，训练结束后，他们必须通过静止和自由落体这两项考核，并具备直升机空运突围的能力。另外，海上行动的训练，包括水下的潜行也是训练科目之一。南非侦察队员们还必须学会使用爆炸物、无线电等各种武器装备，尤其是熟练使用所有的南非国防军步兵武器，包括R4突击步枪和新式的SS77通用机枪以及比利时FN7.62毫米自动步枪等。除此之外，他们还需具备空降医疗人员的资格和能力。

侦察突击队队员均是志愿兵，人员主要是从其他军种选拔或者直接应征。应征者必须是南非公民，并具备超群的适应能力、强壮的体魄、较高的领导才能和良好的文化素养。应征者在成为突击队队员前都要经过一番严格的审查，几乎所有的南非士兵都认为能成为一名侦察突击队队员是一个人的荣幸，因此，许多士兵一次又一次地申请加入这支部队,但绝大多数人都以失败告终。曾经最多一次有700多名士兵参加突击队的选拔测试,而合格的仅有45人。

在招募开始前,每个应征者都要回答这样的问题:"你是否愿意做一名侦察兵?"如果回答"是",接下来就要填写一份能说明应征者参加侦察突击队动机和自身条件的调查表,倘若回答能显示出应征者在身体、心理和智力方面具有超凡的能力,那么应征者才有可能进入下一步的特殊初选考核。经过严格的考核,一些没有达到高水准要求的应征者又遭淘汰。应征者还要通过一项超强度的体能考察,没有受过专门训练的年轻人是很难承受的。例如,在1分钟内像消防队员负重那样背一个人跑完200米。此外,应征者还要接受心理测验,以此判断他们的心理素质,看看他们是否能经受得住长期的敌后作战考验。

通过这些考核的应征者才能成为侦察突击队队员,进入正规的突击队训练。在人员训练上,侦察突击队不同于其他许多单位,他们首先进行的是为期3个月的基础课程训练,其中有一个长达4周的特殊适应训练,1周的模拟实战综合演练及跳伞训练。这些基础训练课程不只开放给南非陆军志愿者,也一样开放给海军和空军。参加课程培训人员的平均年龄是19岁,只有6%至10%的人能完成所有课程。在参加挑选课程前,他们必须先通过生理和心理测验,然后是体能测试,即携带R4步枪和32公斤的背包在6小时内隐蔽行动32公里;在特定的时间内完成各种体能运动(如40个伏地挺身);有时间限制的跑步;47米的自由式游泳。挑选课程在祖鲁兰的实际环境中进行。课程极端艰难,非常

◎侦察突击队队员跳伞训练

◎侦察兵在丛林作战

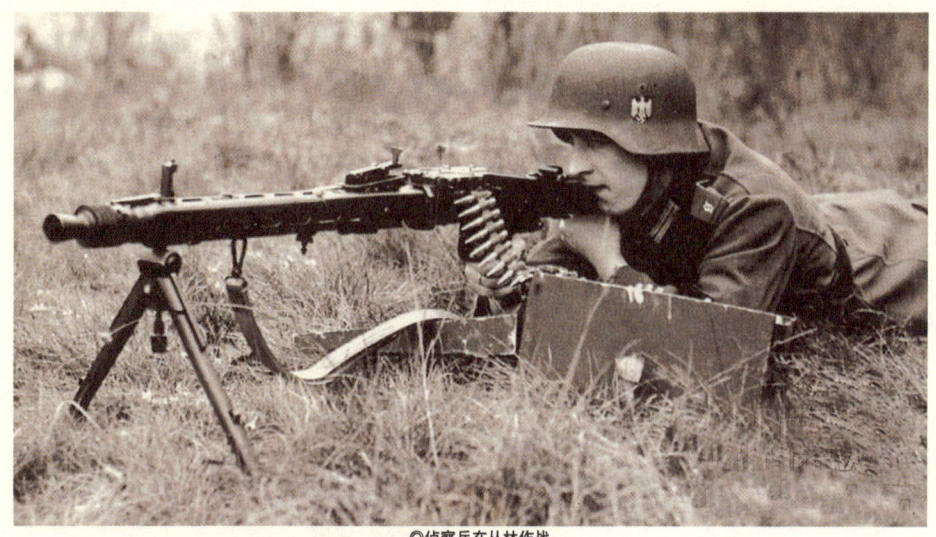

考验志愿者们的极限耐力。举例来说，最后的测试之一是让侦察人员单独在丛林中度过一个或两个夜晚，只留给他们一把步枪和一些弹药，让他们应对那些猛兽或突如其来的危险。他们认为，只有这样的极限训练才能提高士兵的学习欲望，锻炼出高超的技巧和能力，在今日南非的战斗环境中取胜。

基础训练结束后，接着针对他们清除、爆破、丛林作战、野外生存、划船、航行、单兵战术、信号联络以及急救等战斗技能，熟练掌握本国和外国的各种武器操作使用，还要进行与空军部队协同作战的训练。有相当一部分新队员不能够达到训练标准而遭淘汰。

南非侦察突击队作为核心专业突击队，专门负责潜入敌后搜集情报，然后由敌后返回基地，在他们的行动中最重要的是保证不被敌人发现。在执行任务的过程中如果遇到敌人的威胁，突击队员们就必须运用平时所学的知识技能排除困难，解除威胁。侦察突击队中的人员构成有四分之三都是大学毕业，以他们的个人素质应付一些小的麻烦应该不在话下。

南非侦察突击队员要具备应对各种地理环境下的作战能力。因此，他们不仅要有不凡的身手，而且必须是一个跳伞能手。此外，海上作战训练，包括潜水袭击敌人船只的训练也是他们的必修课。当然，他们还要具备在旷野或沙漠中很长时间内没有任何援助的情况下独自生存的能力，有时甚至长达数月之久。当然，处理炸药、无线电通讯、航海、机械搏斗、徒手搏斗以及熟练地运用各种枪械也是每名队员必须具备的技能。

南非侦察突击队的每名成员都有着坚韧不拔的意志，队员们的通力合作精神建立在对国家的无比忠诚之上，他们每个人都相信自己所在的集体是绝对可靠的。不论他们面对多么复杂的作战环境，多么可怕的敌人，每个人都坚守一个信念，这就是保证每个人都能脱离险境的法宝。南非侦察队的传统是，要让每一名队员都能回到自己的祖国，即使他在外作战时身负重伤或者英勇就义，他最终会被自己的同伴带回故乡。

南非和西南非洲人民组织之间的长期冲突是南非国家面临的主要外患。不论是1975—1976年间的南非武装入侵安哥拉的军事行动，还是20世纪80年代初的"怀疑者行动"、"普罗蒂行动"以及"美女行动"，侦察突击队都在战斗中发挥了重要的作用。他们经常采用跳伞、徒步、乘车、机降涉水等多种多样的形式来接近敌人目标，并成功完成了多次秘密、短暂和毁坏性的袭击行动。南非侦察突击队以白人骨干为主，他们较长时间都在丛林中作战，并充分利用前方支援部队的基地；而短时间的打击战斗则是从国内基地乘飞机实施伞降，完成作战任务后迅速撤回。黑人部队则是作

◎捷格加廖夫机枪

为独立部队或以小分队形式参加战斗，之后迅速撤回他们的兵营。

白人士兵在黑人居住区域进行作战时要全面伪装自己，不能暴露一点肤色。例如，伪装分队在执行任务时，要把自己化装成为对方的游击队，并且要携带AK47突击步枪和捷格加廖夫机枪等苏制武器。侦察突击队正规装备都是比利时制造的7.62毫米FNMAG机枪和带有折叠托的7.62毫米FNFAL自动步枪。在行动过程中，侦察突击队队员的腰间挂有一把黑色的匕首、一个水壶、两天的压缩干粮、子弹带和急救包等。

南非侦察突击队是南非国防部队力量中最精锐的一支分队，他们的训练强度最高，适应能力最强，最能吃苦耐劳。他们凭借着不凡的身手和机智的头脑，在条件艰苦恶劣的非洲丛林中，赢得了一个又一个胜利。

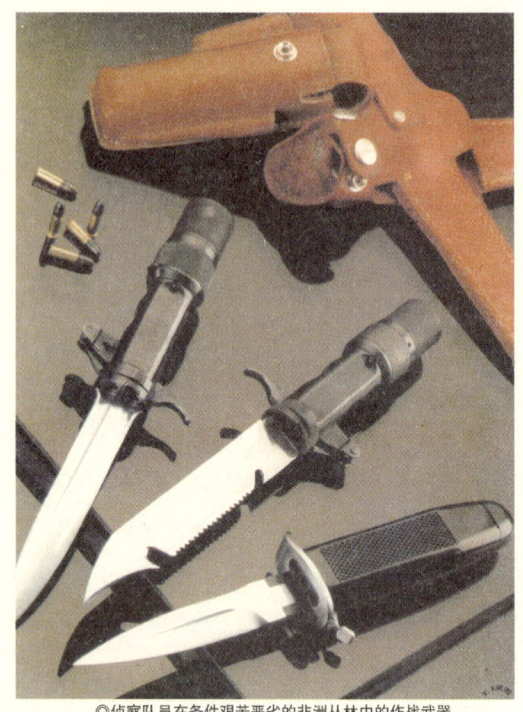

◎侦察队员在条件艰苦恶劣的非洲丛林中的作战武器

知识链接：

祖鲁兰：南非境内班图语系祖鲁人集中居住区。在纳塔尔省东北部。面积2.7万平方公里。地处沿海平原，气候湿热，年降水量1 000—1 500毫米。是南非重要的蔗糖产区，有多处大型甘蔗种植园和糖厂，还出产玉米、高粱等，养牛业也很发达。

严峻考验——瑞士第17伞兵侦察连

　　瑞士第17伞兵侦察连创建于1969年，隶属于瑞士军队的精英之旅即瑞士第31航空旅，最初的称谓是伞兵精锐连。1995年1月1日，这支部队扩大了成员编制，正式采用伞兵侦察连的名称。这是一个密不可分的统一整体，伞兵们佩戴着头盔、跳伞护目镜、氧气面罩，以每小时300公里的速度跃入云霄，飘向冰川、森林和沼泽，他们时刻翱翔在阿尔卑斯山脉上空，保卫着祖国人民的安全。

◎阿尔卑斯山脉

◎SG550冲锋枪

  瑞士伞兵侦察连的人员招募过程十分严格，不仅政治上要合格，绝对忠于祖国，服从国内最高领导人的指示，而且要具有出色的业务素质、心理素质和身体素质，最好还要有不同于别人的一技之长。每年，有两200—300名军人报名参加伞兵侦察连，但经过层层考核，最终仅有十余名能够成为真正的侦察连战士。而近30年来，瑞士军队中总共只有不到四百人成功地加入到这个令人尊敬和敬仰的集体中。目前，这个连队除了5名军官是职业军人外，其余均为义务役人员，这当中，军官、士官和士兵各占三分之一的比例。侦察连每年集中对他们进行30—40天的训练，训练内容通常包括3周的战术技能和1周的密集跳伞技能。除此之外，他们还在民间的跳伞机构进行定期培训。

  阿尔卑斯山脉上空常常可以看到第17伞兵侦察连的踪影，他们的主要使命是进行战略侦察，以及敌后破坏任务。由于侦察的隐秘性，伞兵侦察连的战士们白天通常埋伏在不为人知的角落，而晚上才是他们行动的最佳时间。为了在有限的时间里争取到最有价值的情报，他们随身携带红外线侦察装备、高性能通信器材和全球定位仪，并配备SIG公司的75型9毫米自动手枪和90型SG550冲锋枪。在执行某些任务时，嗅觉灵敏的军犬往往是他们得力的"助手"，给他们带来意想不到的帮助。

第17伞兵侦察连的选拔大致分为初试、复试和最后淘汰三个阶段。国防部规定，所有现役军人凡服役满9个月者，均可申请参加侦察连考试选拔。初试一般有两项内容：首先是检查志愿者的身体健康状况，志愿者必须拥有一份父母的同意书、一份自己"历史清白"的有效证明和一张与战斗机飞行员同等级的体格证明。其次就是考察志愿者的耐力和应变能力，在考试过程中，志愿者随时会遇到难题，只有应变能力强，有耐力坚持到最后的人才算是初试合格，一般大约有85%的人员能够通过初试。随后，瑞士航空俱乐部将会为通过初试的人员提供相当于法国伞兵初级军事教育的航空预备训练。完成航空预备训练后，学员们将会进行为期3周的密集训练，内容包括35次自动跳伞、25次自由降落和3次双人齐跳，这也是选拔的复试阶段，有近40%的学员可以通过考验，取得25次自由降落证书，并进入伞兵侦察连的最后选拔。

　　最后的选拔阶段只剩下大约30名志愿者。接下来他们面临的将是步兵基本训练、通讯训练、侦察训练、山区野外求生训练以及军事跳伞技巧训练。训练按强度分阶段进行。在最初阶段，他们要接受一项考验体能极限的训练，能顺利完成者将成为伞兵侦察连的正式成员，一般有10余名幸运儿脱颖而出。体能极限训练相当残酷，他们除了要尽可能压缩自己的睡眠时间之外，还要进行很多次25公里的负重强行军。 强行军

◎侦察兵野外求生训练

◎AK47步枪

中有一个科目叫做"乌诺铁人"，它要求队员们在14公里距离内，来回强行军4趟，同时进行步枪及手枪射击。这项训练结束后，负责挑选的指挥官就会将所有人员召集到一间教室里，在一番简短而礼貌的致词之后，宣布入选名单。一旦榜上有名，就意味着他已被伞兵侦察连录取，而没有被念到名字的则是被淘汰的对象。

接下来就是要在实地进行各项演练。由于伞兵侦察与陆地侦察区别很大，侦察兵们必须熟练掌握空中的所有技能，他们会在阿尔卑斯山区向导的教授下学会攀岩以及在雪地露营等技能。除此之外，他们还要学会熟练操作使用AK47、乌兹、M16、MPS、PK等轻武器。完成这些训练后，侦察连将会组织他们进行各种演习，在演习过程中，他们必须突破层层防守进入一个戒备森严的弹药库。此外，他们还要学会灵活对付敌人的拷打和审讯。只要这些环节出一点差错，就意味着前面所有的努力都前功尽弃，不能圆满完成训练的人员将被遣送回原来的部队。

这轮训练的最后一关，也是最能考察出队员们整体素质的一关，就是为期4周的密集式负重跳伞。由于阿尔卑斯山区复杂多变的地形和气候，要求学员们跳伞时携带的装备必须齐全，包括登山装备、收音机、炉子等，总重量有40多公斤。在负重跳伞完毕后，队员们还要进行一项叫做"乌诺鹞"的战地侦察训练，这项训练的内容是要

◎M16自动步枪

求队员空投降落到作战地区后，单独进行30公里侦察，并对作战地区内的豹Ⅱ、M113、M109等各式坦克装甲车辆的活动情形进行观察和记录。所有这些都完成以后，队员们还必须步行15公里到指定地点，在一架超级美洲山狮式直升机的接运下离开作战地区。

终于到了选拔的最后阶段，也是考验队员最后意志力的阶段。要想真正成为享有盛名的瑞士第17伞兵侦察连中的一员，就必须经受住这最后3天时间的严格测试。在这3天时间里，每名队员仅有8—10个小时的睡眠时间，除开这些休息时间，他们必须在有限的时间里进行3趟60公里的长行军，并夹杂夜间行动以及射击训练。只有通过这最后考验的人才是一名合格的侦察战士，最终获得瑞士伞兵17连的录取证书。

◎弹药库

◎PK通用机枪

◎M113装甲车

◎豹Ⅱ坦克

先锋之军——斯里兰卡侦察突击队

斯里兰卡侦察突击队是斯里兰卡国防军中的一支小型部队，也是斯特种部队中的一支精干力量。他的成员外观看起来和其他士兵并没有什么两样，但是仔细辨别起来就会发现，侦察突击队士兵左胸口袋上的徽章下是银制翼形徽章，并且他们使用的武器是德制MP-5冲锋枪，而不是俄制AK-47系列步枪。他们平时执行的主要任务除了反恐怖行动之外，主要是关于国家最高机密的秘密行动。一旦斯军指挥官在游击队活跃地区的地图上打个叉，就意味着侦察突击队又一次成功地完成了这些涉及国家机密的任务。

当然，要成为一名合格的侦察员决非一件容易的事。凡是有志于加入侦察突击队的人除了要具备非常坚忍的毅力和良好的身体素质之外，还必须有很强的实战经验，也就是说，刚入伍新兵是无法直接志愿加入这个团队的。他们首先必须在一般部队接受训练，能够忍受艰苦，并表现突出，才有机会被突击队征召吸收。为此，选拔突击队员时，上级还专门组织相关的心理测试，只有在专门设计用来击溃人类体能、心智极限的测试中才能选拔出合格的人才，这要求参选者必须有屡败屡战、自我调适的能力。只有当志愿者被测试整垮但仍然坚持要加入的情况下，侦察突击队才接受他们。

斯里兰卡侦察突击队的训练也是超大强度的。包括：基本的军事技能、体能训练和拉练、航空学、地形学、地图阅读、医疗急救、基本通讯手段、先进武器训练、反坦克行动、山地战、两栖战、扩展军事、白刃战、刺刀和廓尔喀刀训练、防空训练和无数其他专门课程等。为了执行一些远程奔袭式的秘密行军，新招纳人员的行军训练从5公里开始，逐步成倍增长，直到特训结束后（大约一年时间），每名队员都有能力轻装一口气跑到离基地120公里以外的目标地带，执行完任务后再返回基地。仅此一点，就是许多国家特种部队达不到的。每次作战和训练前，军官们经常说的一句话就是"跟我来"，正是他们这种身先士卒的作风带动了全体队员，这也是侦察突击队制胜的关键所在。

1995年10月，斯军对游击队老巢贾夫纳城发起进攻，代号为"胜利曙光"。斯军步步紧逼，打进贾夫纳城。在进行巷战时，数千名甘愿与城池共存亡的游击队员依托修筑好的工事负隅顽抗，在每栋屋顶上都安置了机枪堡和火箭阵地，尽管如此，侦察队员们还是在顽强的体力、毅力的支撑下，靠装甲车及米－24武装直升机的协助，经过数天的艰苦战斗，击毙了410名游击队员。然而，侦察突击队中也有3名军官和31名士兵阵亡。当然，如果派其他没有经过如此训练的部队去作战的话，伤亡肯定远远不止这些。

有人说，斯里兰卡侦察突击队的生活可以用三个"W"来概括，即工作，工作和等待（work, work and waiting）。他们如此勤奋努力地工作就是为了实现他们的终极目标——将一切恐怖势力赶出自己的国土，以换取家园的安定团结。

◎米－24武装直升机

前沿陷阵——英国皇家炮兵侦察连

英国皇家炮兵一四八侦察连是一支突击连队，隶属于第二十九皇家炮兵突击队团。他们的主要任务是负责海军舰炮前沿侦察以及炮兵行动前的前沿侦察。

一四八连历史悠久。最初，它只是一个教导连，直到1960年才担负起两栖侦察的

◎马岛战争中的英军

作战任务。一四八连曾参与了1963—1966年在马来半岛、婆罗洲的军事行动；1964年在拉德方及1960—1967年在亚丁的各项军事行动。在1982年的马岛战争中，一四八连作为一支主要参战连队，用自己的表现证明了自身不可替代的地位。此后，它还接连参加了海湾战争中的"大空运"行动，以及在伊拉克北部实施的"天堂"行动等。

一四八连的成员都是从皇家炮兵部队中选拔出来的。在加入侦察连之前，每位候选人首先要在普利茅斯初步训练3周，初试合格后才有资格参加设在林姆佩斯通突击队员培训中心的课程。这些课程的设置是专门针对那些有志于献身侦察突击事业的军人们的，里面包含有海、陆、空等各种作战环境中的各种作战样式，例如两栖登陆、武器和战术使用、夜战、战场生存、直升机攻击、攀岩等。越野跑也是必修的课程。15公里快速行军、登山课程和19公里越野跑尽管听起来令人战栗，但侦察突击队员们在坚持一段时间的训练后，却能轻松地将这些拿下。在通过所有考核后，他们和海军陆战队突击队员一样，有资格戴上绿色贝雷帽，并可以接下去学习炮兵前沿侦察课程。但是，没有伞兵经历的人还要前往空军在牛津附近的一个基地，去那里接受为期4周的伞降训练。

一四八连有7支前沿侦察小队，每个小队5人，队长由1名上尉来担任。战时如果有必要的话，侦察小队可以拆分为两个小组。连指挥部主要是一些行政人员和负责培训的人员。不论是在挪威、希腊、土耳其等国进行两栖行动训练，还是前往文莱、伯利兹和肯尼亚进行丛林战演习，一四八连总是作为参加者之一在行动中发挥重要的作

◎侦察兵攀岩训练

用。

我们知道，侦察队员要具备渗透到敌后的本领，就必须掌握足够的情报资源。因此，通讯是必须掌握的一项技能。一四八连的每个侦察分队的队长和副队长负责指示目标情况，他们各自有一名通讯员负责电台联络，剩下的一名队员则作为替补通讯员。公开的信息渠道没有披露一四八连使用何种型号的电台，但可以肯定是带HF和VHF两种波段的电台，类似"族人"系列，如PRC-320，或是"闪米特人"中的跳频电台。他们还配备有手持式热成像仪、夜视仪、激光目标指示仪等。另外，在枪械上，过去大多使用SA80系列，但由于一四八连经常与特种部队合成使用，因此，M16也很可能成为他们现有武器的一种。

知识链接：

马岛战争：1982年4月2日，阿根廷以恢复其主权为名，派遣海、陆、空三军4 000多人在马岛登陆，迅速控制了全岛。英国立即作出强烈反应，与阿根廷断绝外交关系，并对阿根廷实行经济制裁和禁运一切军火，并派遣一支占其海军力量2/3的特混舰队，于4月5日驶向南大西洋。4月25日英军在南乔治岛登陆，并攻击阿根廷舰艇，两军间的激战随之展开。经过两个半月的海陆空较量，6月14日阿军战败投降，双方达成停火协定，马岛战争宣告结束，英军重占该岛，阿军撤离。

SA80(即"80年代轻武器"的意思)：英国人俗称为恩菲尔德武器系统(Enfield Weapon System)，主要由两种发射5.56mm SS109弹的自动武器组成，一种是L85A1单兵武器(IW——Individual Weapon)，即突击步枪；另一种是L86A1轻型支援武器(LSW——Light Support Weapon)，即轻机枪；此外还有一种很短的SA80卡宾枪和一种训练用的L98A1军校学员通用步枪。

◎ L86A1轻型支援武器

独立作战——英国特别空勤团侦察小组

英国皇家炮兵侦察连是英军突击分队的一支精干力量,虽然组成人员少,但在炮兵侦察前沿所发挥的重大作用却是无人能够取代。第二次世界大战后,随着英军特别空勤团的组建和发展壮大,另一支人员更少、装备更先进、力量更强大的侦察突击小分队诞生了,这就是英国特别空勤团4人侦察小组。

最先,特别空勤团的缔造者大卫·斯德林认为,由训练有素的突击队员组成5个人的小组可以在敌人的战线后方对易攻击的目标,如机场、停车场、油库和通信线路等实施战略袭击。他在医院养伤期间写的备忘录中提到:"对突击队袭击的规模,应事先做好计划,一方面是参与行动的部队人数,另一方面是设备和器材,在实施过程中可能产生意料之外的事件,远超过现有的提供防御和进攻打击力量方面的能力。而且,海军不得不提供船只来运送部队,即使是取得了成功,海军所承担的风险也远比成功来得高。两百名经过挑选而且装备精良的士兵,完全可以在同一天夜里进攻十个不同的目标,而相比之下,现在突击队采用的技术只能攻击一个目标"。

大卫·斯德林相信特别空勤团的侦察小组可以利用降落伞穿插到内陆,或使用从潜艇施放的小船进入沿海地区。因为这种规模的侦察队很难被探测到,而且也没有动用更大规模的更正统的突击队袭击时需要的那些物流方面的要求。与常规的突击队一般袭击一个目标的策略相反,大卫·斯德林的小组将因此能够在战线后方秘密攻击多个目标。

然而，特别空勤团行动部队执行了多次任务后，不断总结经验教训，渐渐发展出了4人小组的概念。他们进行这样的改组，其原因是：一个少于4人的小组除了容易遭到攻击，还会限制人员的携带能力和火力，在遇到袭击时，防御就会变得非常困难，而且一旦其中的一人阵亡或受伤，行动成功的可能性几乎为零。相反，一个侦察小组的人数如果超过4个，就会显得笨拙，并且相对来说很难躲避敌人的火力。

另外，4人侦察小组心理素质方面的因素也很重要。士兵们从最初开始训练时就接受了"伙伴"的概念，在执行主要的战术任务时也会采用两两配对的方式。这不仅是因为士兵本能的会互相为对方提供帮助，而且会因为合作完成一些琐事而感到愉快，如沏茶、做饭等。最主要的是，他们能够协同一致搭建士兵们的隐蔽场所，即他们所谓的"茅舍"，并为其设置伪装。士兵们在一起训练、行动相当长的时间后，会了解彼此的优点和弱点，进而取长补短，共同进步。最重要的是，他们会在合作中建立并获得信心，这是任何成功侦察行动的重要因素。因此，英国的4人侦察小组就这样不断发展壮大。每一名4人小组的士兵所掌握的技能，都确保他能在严酷的丛林环境下战斗并生存下去，同时还要赢得当地可能不太友善的居民的人心。

一旦遇到战事，4人侦察小组常常会在丛林中待上几个星期，并根据自己的经验很快了解到需要携带的弹药和配给的数量。士兵们发现携带过多的弹药会造成大量浪费，而较少数量弹药会达到更大的效果，因为这样可以大大降低士兵们的疲劳程度，从而保持更高的警惕性。特别空勤团的许多进步其实都是从过去的错误中学习和发展取得的。

执行侦察任务时，一般从空中穿插到行动地点。最初的时候，每个士兵都携带一根30米长的绳子，绳子上每隔45厘米就打一个结。一旦跳伞者在丛林上空跳伞时发生了降落伞被挂住的情况，他就可以把绳子垂下去，然后徒手沿着绳子从树冠上安全地滑到地面。

知识链接：

英国皇家陆军"特别空勤团（简称SAS）：由大卫·斯德林上校于1942年在利比亚建立的一支特种部队。报纸这样介绍他们："特别空勤团是英国军队的无名英雄。他们的口号是保密！"该团由三个部分编成：一个正规（常备）部队，两个由非职业士兵组成的非专业部队。

4人侦察小组在出巡过程中以最高的标准来要求士兵。在丛林中最快的巡逻速度大约是每小时15公里，但由于这样可能会遗漏敌军进攻的重要信息，所以这种高速度推进并不被鼓励。他们更主张小心、缓慢、安静、仔细地移动。在沼泽和丛林中追踪要求思想高度集中，一旦下雨，情况可能会变得更加复杂，因为所有的痕迹都可能会遭到破坏，这就要求队员要具备敏锐的观察能力。

　　对于徒步侦察队来说，食物的供给一度是他们在丛林中长时间栖息的限制因素。然而，当特别空勤团引进了一至两个星期特种配给包后，食物就不再是一个问题了，因为这种配给包可以为一个人提供两周充足的食物，或者让两个人度过一周。

　　4人小组的侦察技术可以通过一段时间的训练来获得提高，并在之后的行动中得到细致的检验。作为4人小组的成员，先决条件是必须能够精确地使用武器射击，在遭遇伏兵时有效地控制火力、沟通技巧、联系中断后的移动和射击技术，以及夜间射击等技术，这都是每名成员必须具备的基本素质。他们个人行军技巧的标准也很高。训练要求侦察小组的每一名成员都能在行军过程中最低限度地去借助自然和人力的帮助。士兵们还要学习基础的地图阅读技巧，达到通过询查绘制一幅地图和利用罗盘

◎侦察兵的装备

◎M203榴弹发射器

及远距离行军技术，在白天或夜间行进到指定地点等要求。另外，在延续训练阶段的士兵们，还会学习到利用针或是剃刀来制作罗盘等技巧。

执行侦察任务时的个人装备：可以维持2周的食物和水，电台的备用电池，急救箱，里面装着针线包、止疼药、消毒水、抗生素、手术刀和两支吗啡针，以及背包，里面装有弹药、水、应急食品、生存包、伪装物品、刀和指南针。

另外，在武器装备方面，4名成员通常携带安装了M203榴弹发射器的M16突击步枪，每个人还带着10个M16的弹匣，以及200发Minimi机枪子弹。4个人除了自己的武器装备外还带着Minimi机枪以及600发Minimi的子弹，这些东西加在一起使每个士兵的负重达到了不可思议的重量——100千克。当然，这也就意味着每个士兵都必须有惊人的体能储备。

侦察小组成员还要求有最出色的体质和最刚毅的精神。除了超乎寻常的身体素质和精神上的警惕之外，他们还要保持相当的灵活性以应付各种可能出现的场合，最重要的是他们个人必须具备能够在任何环境下执行侦察任务的生存能力。

◎Minimi机枪

　　特别空勤团所采用的作战手段就是心理战。他们4人为一个作战小组，通常由1名信号兵、1名军医、1名翻译和1名武器能手组成。在侦察过程中，最重要的一项技能是医疗。侦察小组的医疗兵不仅要在需要时充当外科医生，而且还要在侦察小组行动的范围内进行"赢得人心"行动的重要任务，这也是特别空勤团的一个重要理念。医疗兵在为当地居民治疗疾病的过程中，可以赢得他们的信任，使他们站到自己这边来。这样一来，政治上显得极为单纯的部落居民，就会向侦察小组提供极具价值的情报。

　　从理论上来说，4人侦察小组的成员都会接受至少一项其他侦察技能和部队技能的训练。他可能是一位语言和医疗专家，也可能是通信和爆破专家，但他还同时具备了部队的自由下落跳伞技术，这样他可以乘坐高空运输机利用高海拔起跳、低海拔开伞或高海拔起跳、高海拔开伞技术，秘密地空降到敌人的重要设施附近，随后再利用他的破坏和爆破技术摧毁目标。

　　4人侦察小组主要是独立执行任务，一般行动的地点都是在敌人战线后方的纵深地带。他们必须完全自给自足，除了执行常规的侦察任务和巡逻任务以外，还承担情报搜集、破坏和伏击任务。4人侦察小组本身并不执行攻击性任务或战斗巡逻，不过当遇到攻击时应有能力安全撤退。

　　4人小组基本的侦察技能和个人的特殊技能全部来自于艰苦的训练和广泛的经历。但这远远不够，在战争中取胜不仅要求他们自身完善个人技能，还要求他们必须学会如何凝聚成一个小组，只有互相信任才能让侦察小组的成员感到自己可以付出全部。他们清楚自己是和3名专家级的伙伴在一起，可以以性命相托。有的时候侦察

◎高空运输机

任务时间较短，但却极度危险。例如1991年海湾战争期间，在伊拉克战线后方执行任务，他们会进入丛林深处，与外面的世界隔离而待上最多3个月的时间。在4人小组内部有一条基本的原则，那就是部队中所有人都必须具备幽默感和谦逊的态度，这样才能"赢得人心"。

实践证明，"赢得人心"政策再加上4人侦察小组具备的能力，完全能够确保行动的成功。对一个村寨进行观察后，小组成员会与村寨的头人见面并交谈。随后他们会撤回设在丛林中的隐藏点，一天或者一个星期之后，他们会再回来看看。拜访从来不会急匆匆的，而且建立友谊的事也从不仓促进行。一旦他们建立了相互之间的关系，部落里的居民经常会提供食物、住所、运输工具和有价值的信息，而小组成员也会以礼物、医疗服务作为答谢，有的时候还会帮助村民做些建设工作。例如在一个村寨里建立了一个简易的水力发电站，因此而获得了好名声和当地居民的大力支持。

根据当地居民提供的极为重要的情报，侦察小组很快就可以开始执行战斗巡查任务。战斗巡查部队的规模一般由两个4人小组或者甚至一支部队组成，他们的主要使命就是攻击敌人，然后从敌人那里获取情报或者俘虏他们进行审讯。另外，他们还要保护重要目标以及友邻部队，使他们免遭攻击。小组的指挥官挑选好装备后，还要确保这些装备都接受了彻底测试。他要仔细检查电台和电池，清理弹药，试射武器，准备好手雷，下发配给等等。小组的每一名成员都要负责自己的个人和特种装备，而指挥官则要检查为行动而准备的特别装备，并将其均分给每个成员携带，还要保证每个成员都知道其他人携带的是什么部件。

每个人都要携带自己的武器、背包和背带装备；需要携带个人武器的备用弹药、水、应急配给，在其背带上还有一个逃生罐，里面是应急的生存物品。如果小组暴露了，而且需要紧急撤退，侦察员可以丢弃背包，而在背带上保留生存所需的足够的物资。另外，小组的指挥官要携带更多东西、绘制详尽的地图（必须注意不能做任何标记）、行军的指向设备、电台以及夜视镜等。

侦察小组前进一般都是由带头的侦察兵指挥，他的身后跟着小组的指挥官和通信兵，部队的第二指挥官则走在最后面。由于光线、地形和与敌人的接近程度，小组成员在行进中会走成一列或者菱形，一般来说，在丛林中，走成一列是最合适的。

领头的侦察兵除了携带个人装备外，还要带上夜视镜、电线钳，有时候还有M203榴弹发射器，他要负责确保选择前进的路线上没有陷阱，而同时又必须保证前进的速度，并符合要求的路线。

侦察兵们需要精神高度集中，他们必须瞪大眼睛，留意任何可疑之处，还要确认走在身后的那个人应该待着的位置。他们必须看见走在前方的人，但又要保持距离，以免自动武器、地雷或陷阱一次伤到两个人。当与敌人发生接触后，他们必须反应迅速，按照前面人员的指示或根据发生的情况采取行动。

每个成员必须保持在彼此视线范围内，他们用手发出一系列信号联系。在侦察的过程中，集结点由指挥官确定，如果侦察小组遭到攻击，成员们会进行突围，独立地回到上一个集结点，小组成员们将在那里会合并继续他们的任务。

在遭遇战中，4人小组需要用到许多灵活的联络技巧，特别空勤团为此设计了许多增加侦察小组存活机会的行动流程。采用得比较多的方法就是迎面遭遇和射击战术。

如果4人侦察小组遭遇敌军，其成员立刻朝左右两侧分散，进入各自的位置，这样，才有利于直接向敌人射击，而不会伤到自己的伙伴。如果侦察小组排成一列进行射击，带头的侦察兵会发出信号，侦察组的其他成员会分成左右两路，用自己的武器向敌人射击。如果在遭遇战中消灭了敌人，小组会继续前进，但如果小组决定撤退，则有两名成员卧倒进行掩护射击，让另两名成员撤出一定的距离，这样交错地相互掩护着撤退。

知识链接：

遭遇战：指双方在同一区域突然相遇，还来不及进行兵力部署、弹药分配和战术布置的时候发生的战斗，结果往往是勇者胜，懦者负。

另一个战术是"射击,迅速离开",这种战术为的是防止出现伤亡。当一个侦察小组开火之后,敌人必然会回击,接着敌人会确认射击效果。这时,小组成员会选择不同的路线迷惑敌人,然后向事先约定的集结点跑去。任何受了伤的侦察队员也都必须依靠自己的能力返回集结点。

4人侦察小组的生存哲学和战斗理念被很好地继承和发扬了下来,在团队协作精神的激励下,每个士兵几乎都能在战场上将其战斗力发挥得淋漓尽致。

◎侦察兵小组作战

第8章
永久的国防262部队

　　20世纪50年代，年轻的以色列国防军步入了一段困难时期，以色列的特种侦察兵就在这种环境里应运而生。亚伯拉军·阿尔侬少将曾经这么说过："这是一支不存在的部队，过去和现在都不存在，也许将来也不会存在……"

艰难的组建

"这是一支不存在的部队,过去和现在都不存在,也许将来也永不会存在。"

亚伯拉罕·阿尔侬少校为自己正在计划组建的部队竭尽了心力,他预感到他们总有一天会成为国防军最精锐的部队,以色列国家不可缺少的力量之一。几十年后,当他长眠于耶路撒冷军人公墓时,他的国家对他的评价是:"陆军少将,保卫以色列国家安全的无名英雄。"就一位将军而言,阿尔侬的确默默无闻,即便是在军界,因为他的贡献大多数是不能够公开的。

也许,每一个以色列民众都能够真切地感觉到这种贡献,在本·古里安国际机场,在突尼斯,在贝鲁特,在乌干达,在他们与劫后余生的亲人流着泪拥抱的后面,这支部队确确实实地存在着。每当以色列人从报上看到有关"国防军某精锐部队"或"伞兵某部"的报道,他们几乎就可以断定是"这支部队"在行动。一直到20世纪80年代,尽管每张以色列报纸都在遮遮掩掩地报道"国防军某精锐部队",每个以色列人都在心照不宣地谈论这支部队,人们还是刻意回避提及一个众所周知的名字:SayeretMatkal——国防军第262部队,总参谋部直属侦察营。

总参侦察营是一支担负特殊使命的部队,它的主要任务是反恐作战、敌后侦察和特种作战。因此,这支部队始终笼罩着一层神秘的面纱。曾有一名美国人为全世界的特种部队推选排行榜,将这支神秘部队的综合战斗力排为世界第五。的确,总参侦察营的装备水平远非世界最先进,官兵待遇也远谈不上最优越,但在冲突不断的中东,战斗本身就是这支部队最主要的训练课程之一，这是其他任何部队都无法比拟的。如果认真论起实战来，这个营的排名可能还要靠前一些。

总参侦察营建于1957年底，首任队长是亚伯拉罕·阿尔侬少校。他1930年生于耶路撒冷，一生中对国家最大的贡献就是组建并塑造了总参侦察营。"阿尔侬少校成了情报部队中的教父，就像地下世界万能的主宰者那样，如果出现了什么用常规手段难以应付的棘手问题，人们就会去找他。"一位美国人在撰写有关阿尔侬的文章时，很自然地说出了上面的这段话。的确，阿尔侬和好莱坞那位著名的柯利昂先生有一定的相似之处：他们都亲手缔造了一个坚韧、高效、但不能公之于众的行动组织。在这方面，他们的地位是至高无上的，但在阳光下面，他们则尽量做到默默无闻。

他出生的年代正值动乱时期，故乡耶路撒冷当时正是一座被暴力和仇恨包围的孤城。阿尔侬很早就参加了以色列人的武装组织，17岁那年，他参加了"帕尔马赫"。一年之后，他已是著名的"哈雷尔"旅第四营的战士，在拉宾旅长的率领下，参加了突破耶路撒冷封锁的浴血苦斗和战争后期横扫南线的大反攻。

这名经常沉默寡言，很少流露感情和想法的战士，很快就被上级认为是搞秘密情报工作的天然材料。第二次世界大战后，也就是在1949年，他被选调到作战部情报局，即后来的总参情报部。27岁那年，他已升至少校军衔，负责一个向阿拉伯国家布建间谍网的秘密单位。以色列边境的谍报布建主要是从边境的阿拉伯居民和贝都因牧民中物色人选，收买情报。突击队员出身的阿尔侬并不喜欢这项工作，他认为，这种获取情报的方式和他本人对侦察情报工作的理解相差甚远。告密者提供的情报质量不高，经常是第二手甚至是第三手的，可靠性值得怀疑，且又根本无法证实。此外，情报局当然想主动搜集自己感兴趣的东西，而阿尔侬却只能从告密者提供的情报中进行挑选，就好像"在一家别扭的餐厅里，不能点菜，只好有什么吃什么"。

> **知识链接：**
>
> 拉宾旅长：后任以色列总理，1995年11月4日，因倡导中东和平遇刺身亡。
>
> ---
>
> 贝都因：西亚和北非的阿拉伯游牧民，以畜牧业为生。"贝都因"为阿拉伯语音译，意为"荒原上的游牧民"、"逐水草而居的人"，是阿拉伯民族的一部分。1976年统计约为1 000万人，分别处于由游牧转向定居的不同阶段。

在那些日子里，阿尔侬看得最多、反复琢磨的一本书是英国特种部队创始人大卫·斯德林上尉的回忆录《勇者胜》（Who Dares Win）。上尉在书中回忆了"二战"期间指挥突击队在北非沙漠中与德军战斗的经历。这无疑是一本引人入胜的书。结合军部的长期实践，这位沉默而睿智的情报官有了一番全新的设想——以色列国防军必须建立一支具有突击队作战能力的特种侦察部队，用于从敌人那里主动直接获取情报。而为了有能力这样做，这支部队必须由最优秀的人组成，接受最先进的训练。斯德林上尉创立的英军特别空勤团（SA-Special Air Service）是一个现成的，再理想不过的范本。从此，斯德林便成了他的榜样。他决心按照书中描述的那样，为以色列军队建立一支真正的侦察部队。

在这一点上，阿尔侬的观点与总参谋长摩西·达扬将军是一致的，将军本人也从一个更高的角度意识到了这个问题，并提了出来，但不幸的是他不久就退役了。继任总参谋长职位的拉斯科夫将军在这个问题上的想法恰好相反。他认为，1956年的第二次中东战争后，周边环境相对安定，是以色列军队建设的难得机遇期，国防军要做的是大力加强常规部队的建设，为未来的战争做好准备，特种部队建设在他看来并不是当务之急。在这种情况下，阿尔侬不停游说、争取，向所有的上级和同事们反复说明，为什么国防军需要情报部队，但却一直没有起到任何效果。但是这位"帕尔马赫"的老战士身上始终保持着突击队员百折不挠的坚韧。最终，1957年的灯节，他给总参谋长拉斯科夫将军送去了一柄贵重的镶满黄金和宝石的阿拉伯弯刀。这次幼稚的行贿当然没有成功，但过了不久，阿尔侬终于情急生智，他想出了一个说服总参谋长的办法。他让自己手下的军官埃利·吉尔为拉斯科夫安排了一场绝密演习。埃利身穿阿拉伯服装，背着一个塞满以色列军队秘密文件的大口袋，来到以色列北部边界，他在边界线附近转悠了好几天之后才被以色列边防警察发现。他们拘捕了这个操着流利阿拉伯语，自称"达乌德"的"阿拉伯人"，当发现他身背秘密文件时，所有人都大吃一惊。"阿拉伯间谍达乌德"被边防警察连续审问了两个星期，据说中间还夹杂了一些拷打——但这个操着纯正阿拉伯语的间谍，只承认自己是达乌德，其他的一概不

知识链接：

达乌德：1953—1963年任阿富汗王国首相，1973—1978年任阿富汗共和国总统。他在外交方面执行独立、中立和不结盟政策。

招，始终没有吐露自己的真实身份，直到这时，国防军才出面将"间谍"领走。

拉斯科夫观看了演习之后，颇觉新鲜。阿尔侬借机又向他提出建立特种部队的想法，并向总长保证，"达乌德"将是这支部队每一个队员的样板。这次演习收到了比弯刀更好的效果，拉斯科夫也许是被阿尔侬的坚决意志所打动，也许是实在受不了他的不断打扰，于是，这位总长终于签署命令，正式授权阿尔侬去沙漠里组建国防军第262部队。阿尔侬得到这纸形同充军的命令后喜不自禁，意气风发地揣上一本《勇者胜》走马上任去了。

但是，上级在给阿尔侬的命令里，并没有附带通常应有的一些配套内容：如262部队的人员编制、作战训练任务、相应的教材和教员、经费、后勤保障……而不过是一纸空文。阿尔侬想尽办法，首先找到他在"哈雷尔"旅4营时的老上级长官，时任装甲兵司令的大卫·埃拉扎尔将军，大卫·埃拉扎尔将军慷慨解囊，向这支不属于自己麾下的部队提供了给养和必要的装备器材，这才使部队能够继续生存下去。事实证明，这支部队后来在将军担任总参谋长期间没有令他失望。

阿尔侬为他的士兵安排的是全军最严格最全面的训练。262部队的侦察兵必须精通化装渗透、判图行进、侦察和情报搜集、冷兵器格斗、轻武器射击和工兵爆破等等各种科目。教官哈峋将他在步兵分队侦察和战斗方面的本事，毫无保留的传授给了其他官兵。特别宝贵的是，他向新队员传授了101部队和伞兵部队越界作战的经验，而这正是官兵们所缺少的。阿尔侬非常强调夜间方向识别，废弃的阿拉伯荒村和沙漠，驻地附近的农场，都是他指挥部队搞夜间识图训练的地方。由于部队经费十分困难，队员在训练时经常从附近的农场里偷些羊、水果什么的，所以部队的伙食还是很像模像样的，后来，阿尔侬干脆把这些偷鸡摸狗的行当当成了正式的夜间训练内容。在一些方面，哈峋长官有时甚至比阿尔侬对士兵的要求更为严格。阿尔侬要求士兵能够掌握他们在战场上可能找到的一切武器，而哈峋则进一步命令他们必须能用这些武器进行最冷静熟练和最准确的攻击。在行军的时候，身有残疾的哈峋比部队里身体最好的小伙子都走得更快和更远。他的士兵认为，他所做的已经超出了人所能承受的极限，而他对此的解释是：如果说在沙漠的烈日下武装行军50公里而不准喝水，是一种残忍的训练方式的话，那么，在敌国的领土上武装行军100公里而得不到一点水米，则是一种几乎注定要出现的情况。我们262部队的每一个官兵，都必须要能够毫无痛苦地承受这一切，而他本人就曾带领伞兵侦察连的部队，创造过连续行军200公里的纪录。此外，由于阿尔侬的努力，262部队得以和以色列空军的第一支直升机部队进行协同训练,因此,262部队成了全军中最先掌握利用直升机进行机降、侦察、攻击和撤离的部队。

1962年下半年,262部队接到了深入戈兰高地纵深搜集叙利亚军队情报的任务,这也是建队5年多来第一次敌后侦察任务。阿尔侬选择了刚刚从中央军校毕业不久的手下——爱将埃胡得·伯鲁格少尉担任侦察分队的小队长。这位埃胡得·伯鲁格可不是等闲之辈,10年之后,这个埃胡得·伯鲁格成为了总参侦察营的第六任营长。30年后,已经改姓巴拉克的埃胡得·伯鲁格成了以色列国防军总参谋长。1999年,埃胡得·伯鲁格成了以色列总理。

紧张的临战训练开始了,小分队趁着夜色向边界出发,他们的预定路线上遍布着雷区和叙军防守阵地。在后方指挥部里,军情部长阿密特、副部长雅里夫、北部军区司令约菲和部队主官阿尔侬围在电台旁边,坐立不安,焦急万分。漫长的5个小时以后,雅里夫和约菲担心小分队返回的时间不够,提出召回小分队的意见。但是,指挥部刚刚与小分队建立联系,对方却突然关闭了电台。阿尔侬气得差不多要跳起来了——这在他是仅有的一次。几名高级军官已经开始讨论是不是该派出部队进行救援,但是又怕惊动敌军,于是只好继续等下去。过了大约两个小时,电台终于传出好消息,任务圆满完成。没有人比阿尔侬更兴奋了,他终于用行动证实了自己的构想,他紧紧地抱住回归的小分队队长,激动得落下了眼泪……

知识链接:

戈兰高地:叙利亚西南边境内的一块狭长山地,南北长71公里,中部最宽处约43公里,面积1 176平方公里,水资源丰富。戈兰高地与以色列接壤,居高临下,是叙利亚西南边防的战略要地。

勇者的训练

262部队的训练是严酷的。当年，阿尔侬将军就是在英国特种部队创始人大卫·斯德林上尉的回忆录《勇者胜》的激励下，组建了这支部队，同样，它的训练也是从这本书起家的。

《勇者胜》这本书对262部队的影响可以说是全方位的，阿尔侬从这本书中汲取的营养，渗透到了部队训练和建设的各方面。262部队的每个新兵在训练的最初阶段，都至少会在外出时被穿便衣的部队人员绑架一次，而且设法让新兵确信绑架者就是阿拉伯人，看看他能否承受审问的压力。从这种和英国特别空勤团极其相似的反审问训练可以看出，《勇者胜》这本书依然强烈影响着262部队的训练。就连总参侦察营士兵的墙上，也依旧和建队时一样贴着"勇者胜"的大字标语。

262部队时期的人员招募曾经使用过单独介绍的方式，而且新队员要经过入队测验，有着很强的《勇者胜》色彩。而今天262部队的招募制度早已经从初期的单独介绍变成了正常征兵，新兵从每年入伍的适龄青年中选拔。各部队在征兵中心向青年介绍部队情况，并对报名参加本部队的青年进行预选。以色列特种部队的入队预选一般持续3—4天，报名的青年被编为几个组，进行各种体能和智力测验，部队再根据测验结果和个人在测验中表现出来的与其他人的协作能力初步确定招收人选。像262这样的部队在预选中的淘汰率一般是80%—90%。由于应征青年在征兵中心最长只能停留1周左右，如果在一支特种部队的预选中落选，虽然不影响加入常规部队，但一般没有机会再参加另一支特种部队的预选了。262部队也可以预先查阅下年应征入伍青年的资料，如果发现合适的人选，可以通知他提前做好参加部队预选的准备，这样的话，在入队预选时的胜算会比临时报名的人要大一些。

262部队和以军其他侦察部队一样，最重视野外识图训练。以军侦察兵的野外识图训练实际上是一种长途、多点的定向越野训练，这是侦察兵的基本功。这种训练通常选择的是沙漠和荒漠丘陵地形，在严酷的自然环境下进行，要求士兵在规定的时间内到达地图上标定的数十个坐标地物，并留下记号。一次野外识图训练通常要持续几天，行程上百公里，对于体能和识图技能的要求都很高。尽管在训练过程中有新兵因脱水干渴而死，但262部队仍不放松这项严酷的训练。为了尽可能使新兵适应这种高强度的训练，获得尽可能多的野外识图经验，同时又不会对识图训练产生厌烦，上级要求新兵在进行完一个系列的野外识图训练之后，再进行一个其他训练（野外战斗、情报搜集等），紧接着又进行一个系列的野外识图训练，依次类推，这种科学组训的方式还有助于缓解由于高强度的长途越野训练给新兵带来的体力负担和精神压力。除了野外识图训练外，262部队的勇者们还要接受跳伞训练、反恐怖作战和人质

◎以色列国防军在荒漠训练

◎M16A2MAR卡宾枪

◎战术电筒

◎UZI冲锋枪

◎IngramM10冲锋枪

◎BerettaM51手枪

营救训练，狙击手训练，单兵特种技能训练，情报搜集训练和渗透训练等多项内容。这些训练帮助侦察兵们在短短一年多的时间内掌握昼间、夜间等各种气候条件下，从地面、空中、海上侦察和渗透到敌后的技能。为了能在各种条件下成功侦察到敌人的情报，侦察兵还要向以军高山部队学习滑雪和极度严寒气候下的野外生存技能，在以色列海军战斗潜水学校进行潜水训练，在温盖特军事体育学院的攀登、索降和营救学校学习攀登和索降的专门技术。总参侦察营甚至还将队员送到南部沙漠中的贝都因部落，向贝都因牧民学习阿拉伯风俗习惯和沙漠生存技能。当然，他们还要掌握至少三种以上的语言，如希伯来语、英语、阿拉伯语等。

为了在每次复杂艰险的侦察作战中取得胜利，262部队使用的武器装备也是功能齐全，结构多样，他们常用的有：GalilonSAR步枪加激光标定器、M16A2MAR卡宾枪加抬头显示瞄准系统（内红点快瞄器）与战术电筒、

◎IDFRBH凯夫拉头盔

◎DesertEagle手枪

◎Galil狙击枪

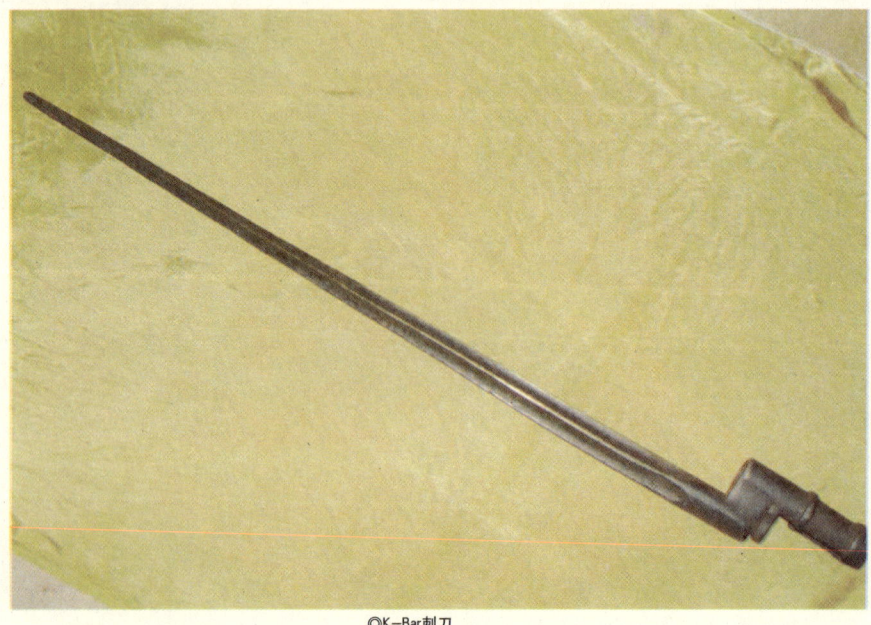

◎K-Bar刺刀

UZI/MiniUZI/MicroUZI冲锋枪加消声器、IngramM10冲锋枪加消声器、Galil狙击枪、BerettaM51手枪（20世纪70年代）、Beretta22口径手枪、DesertEagle手枪、M16冲锋枪、IDF军服、白色连身服（同位素一号行动）、黑色上衣（80年代后期）、IDFRAV战术背心、IDFRCH多功能携带装具组、IDFRBH凯夫拉头盔、夜视镜和K-Bar刺刀等。

曾在以色列总参侦察营担任过训练官的穆基·贝策尔这样描述262部队的训练：

"从驾驶到射击，从游泳到攀登，所有的人都必须学习各种技能。这个训练过程在以色列国防军中是最难的，有很多人根本不能完成全部训练过程"。

"熟悉以军的所有武器，无论是以色列本国制造的，还是从世界军火市场上购买的，或是从敌人手中缴获的，这是总参侦察营的基本要求"。

"侦察兵最根本的任务就是进行准确的观察和报告。总参侦察营的士兵需要学习使用以军能提供的所有观察和通信器材，必须精通夜视仪、照相机、望远镜，还有各种型号的电台"。

"侦察兵还必须学会使用和精确地绘制地图，能像读一份报纸那样熟练地进行航空照片判读。他们要学习在所有地形上运动和隐蔽。在小小的以色列，从北部的赫尔蒙雪山到南部的内格夫沙漠旱谷，总参侦察营的士兵无论在哪里都要像在自己的家里一样熟悉"。

"侦察兵还必须学会伪装渗透技巧，当敌人走在他们头顶时仍要保持冷静。对侦察兵来说，冷静和理智与战斗精神一样重要"。

"在最后一次训练的最后一天夜晚，新兵们在离马萨达山不远的地方停下。在短暂的实弹演习之后，冲上山顶的平地。在这里，两千年前，第二圣殿时期的犹太人宁愿自尽也不愿被罗马人俘虏。在这里，仅有星光和他们的战友作证，他们将部队的徽章秘密地别在衣领下面，就像这支部队一样不能为人所知。对所有的人来说，这都是一个激动人心的仪式。从这个夜晚开始，他们就是这支部队——国防军总参谋部最精锐的侦察部队——国防262部队的战士了"。

"青春之泉"行动

提起"慕尼黑惨案",很多人都还留有非常深刻的印象。1972年9月,第二十届奥运会在联邦德国慕尼黑举行。以色列作为参赛国之一,也派出本国的运动员来到慕尼黑。可没想到恐怖分子竟然利用比赛的时机,趁人们放松了安全警惕,对以色列运动员进行袭击。"黑色九月"恐怖组织在最初的行动中杀死了2名以色列教练,并挟持了9名以色列运动员。没过多久,西德政府就收到了几份英文打印材料,上面列着恐怖分子提出的释放人质的条件:以色列当局必须释放234名被他们关押的巴勒斯坦人,以此来换取人质的性命。满足上述条件后,西德政府应提供3架飞机,将他们带去"安全地点",他们将在那里释放人质。

对西德政府来讲,从来没有发生过的事情震惊了他们,联邦政府迅速组织人员与恐怖分子谈判,结果是,恐怖分子要求德国提供1架飞机将他们和人质一道运往开罗,如果那时以色列还不放人,他们就会将人质处死。

以色列政府对待这件事的态度是非常强硬的。他们准备派出突击队员前往拯救人质,然而却遭到德国政府的拒绝。而德国当局却派出一群手持左轮手枪的警员前往处理,尽管他们的枪法很准,但仍然在与恐怖分子僵持了相当长的一段时间后,拯救行动彻底失败。恐怖分子恼羞成怒,将一枚手榴弹扔进了载着5名人质的直升飞机,飞机立刻爆炸,变成个火球,而另外4名人质也被恐怖分子枪杀。当然,最后,恐怖分子也全部被警察击毙。

奥运会上这一惊心动魄的事件至此结束，但却给二十届奥运会蒙上了阴影，11名被恐怖分子杀害的以色列运动员静静地躺在了别国的土地上。

以色列政府决不会就此善罢干休，他们要为牺牲的同伴们报仇，借此机会打击恐怖组织，让他们不能继续嚣张下去。经过情报部门"莫萨德"的长期跟踪调查，他们搞清楚了这个恐怖组织的人员名单以及活动范围。在1973年，262部队策划了"青春之泉"行动。该行动是一项极其艰巨而又秘密的任务，262部队的官兵们是行动的主力，以色列政府还请来一系列专家教授协助作战。他们中有前美国海军陆战队军官艾伦上尉，负责专门培训特工人员；杨夫林教授，负责组织和联络远在国外执行任务的特工人员；卡尔，一位年过四十，但超富侦察经验的"老头"；罗伯特，一位优秀的爆破专家，他在完成任务的过程中做出了不可磨灭的功绩；汉斯，证件专家，负责伪造行动所需的一切证件。当然，262部队的军官亚夫是负责该行动的核心力量，也是组织部队进行作战的领导人员。

在所有参加任务的官兵熟识之后，他们就开始忙碌策划行动的具体步骤了。首先，他们拿到了一份附有追踪目标、个人简历和其他情报资料的名单，这个名为"黑色九月"的恐怖组织，一共有11个主要头目。262部队人员用了一天的时间来记忆名单上的内容，然后就准备一一将这些恐怖分子送上断头台。

在任何一次战役里，摸清情报都是最关键而又最困难的。虽然他们查明了这11个人的身份、地址、家庭背景，但他们神出鬼没，并不是总在一个地方落脚，而且他们分散在不同的国家和城市。不过，作为国防军精英的262侦察部队，这又怎么会难得倒他们呢？亚夫发挥了他侦察渗透的本领，假扮商人通过种种途径"买"到了关于这些恐怖分子身居何地的情报，然后迅速组织队员来到现场，根据当时、当地的敌情，将这些人消灭掉。尽管暗杀对他们来说并不是件难事，但他们不愿伤及无辜，一定要将敌人的情况摸透之后

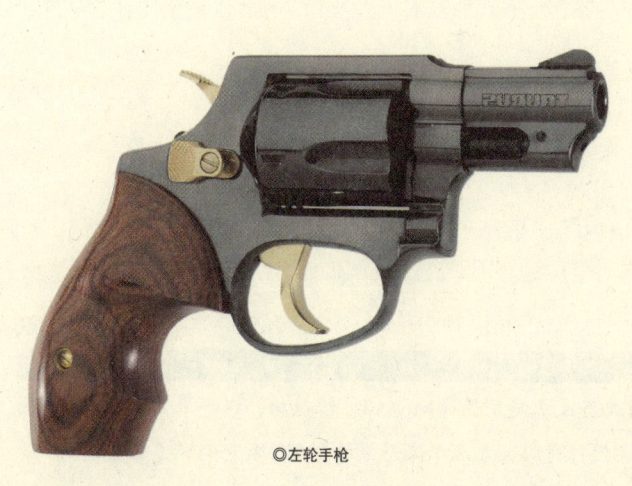

◎左轮手枪

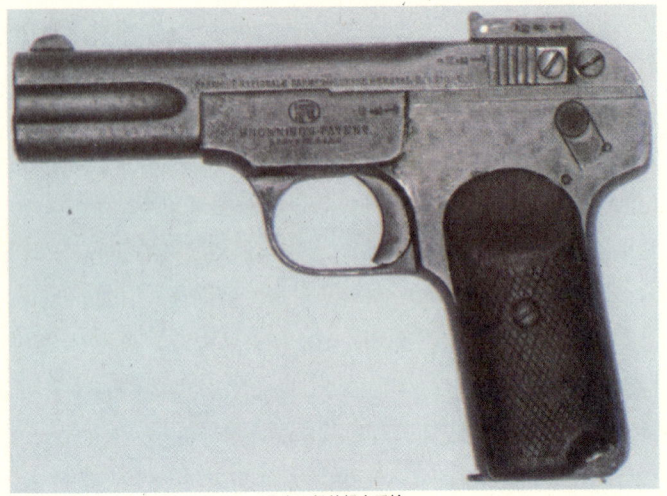

再商量对策,到底是在敌人房间安装炸弹在黑夜引爆,还是在敌人回房间的路上用小口径勃朗宁手枪击毙等等。他们经过深思熟虑,调查明晰之后,1973年的9月至10月间,在西贝鲁特地区,陆续有三名"黑色九月"的领导分子被乔装成女性的262部队队员暗杀。1975年3月7日,262部队再度奉命前往特拉维夫市逮捕藏匿于一家名叫Savoy旅馆内的"黑色九月"恐怖分子。在行动中,262部队成功逮捕了所有疑犯,但同时恐怖分子引爆了藏匿于旅馆内的炸弹,导致执行任务的部分战士伤亡。

◎小口径勃朗宁手枪

除了史上这次骇人听闻的慕尼黑事件外,262部队策动的雷球行动、协同莫萨德人员渗透突尼斯等反恐侦察作战都取得了胜利。以色列总参侦查营在指挥体系、情报调查与应变决策方面都表现十分优秀,队员本身嫉恶如仇的高度使命感与情报局"莫萨德"的强力后盾,是以色列赢得每次战斗胜利的坚实基础。对某些人来说,以色列262部队的侦察特种兵们,是在外面做些"肮脏事"的恐怖单位,但是这些事情都是为了维护国家尊严与人民安全。

知识链接:

莫萨德:1951年,以色列政府成立莫萨德(Mossad)情报局,以捍卫国家的安全与未来。成立后的莫萨德曾经多次执行大胆且令人不寒而栗的刺探、反恐与暗杀任务。

第 9 章
为了忘却的纪念

　　时至今日，越来越多的中低强度军事冲突和反恐作战开始呈现出取代传统战争的态势，各国都把特种部队和反恐应急部队的建设放在重中之重的位置。而"二战"时期的侦察部队可以看做是当今特种部队的前身，他们是星星之火，看似力量微小，却可以燎原。

走进"二战"苏联侦察兵

"二战"时期的苏联侦察兵，是苏联战史上一支非常特殊的作战力量。他们在"二战"中作用突出，在数次战斗中屡屡取得英勇战绩，为苏联主力部队更有力地突围打下了良好的基础。

"二战"时期的苏联侦察兵担负着相当艰巨的任务，他们除了要完成最基本的敌后侦察使命，还要进行特工破坏、抢夺要地、搜索营救、战斗支援等多项任务。可以说，"二战"中苏联侦察兵的素质直接影响到苏联的最后战果。由于在"二战"中苏联侦察兵的活动半径和作战能力都得到了成倍的提高，客观上也决定了侦察人员选拔及侦察武器的使用不能以单兵独立作战的需求为出发点，而是应更多地基于侦察部队的群体性质来考虑。

作为一支在战场上起关键作用的侦察部队，人员挑选的重要性不容忽视。苏军方面认为侦察最有效的形式只能是编制精干、人员精选的核心精锐部队。因此，苏军在侦察兵的挑选上，标准是极其严格的。他们要求被选人的年龄必须在25至27岁之间，身高必须在一米八以上，体魄强健，机智灵活，具有特殊战斗技能，如果有在边防服役的经历则优先选中。苏联为其侦察兵做出这样的要求：必须具有坚忍不拔的毅力，超群出众的耐心，临危不惧的胆识，敏捷的反应能力，遇事要保持冷静，且具有集体观念等等。

被选人首先要进行长达5小时的智力和心理素质测验，接下来还要进行3天让人精疲力竭的考核。这些考核主要是针对被选人员的耐力和能力，能通过这些考核的人员就已具备一个侦察兵的基本素质了。当然，这些还远远不够，苏军还要对有幸通过这些考核的人员进行更加严格的集中训练。内容包括基本技能训练，特殊技能训练以及体力耐力训练等。能加入到这个集体里来的决非等闲之辈，每个人都有一定的基础技能，因此，尽管训练强度和难度是一般人所承受不起的，但也难不倒苏联侦察兵的候选人员。

基本技能训练的主要项目包括徒手格斗、射击爆破、武器知识、法律常识、心理学等。徒手格斗要求队员在武艺高超的教练手下人人过关。射击爆破是一项非常重要的训练项目，要求所有队员熟练运用各种射击武器应对敌人。而武器知识不但需要队员们熟悉自身装备的各种武器，还要了解敌军可能使用和常用的各种武器。设立法律常识课的目的主要是为增长队员们的法律意识及文化素质，而心理学课程主要是学习和研究敌人的特殊思维和特殊行为，以便能够迅速制定出相应的作战计划。特殊技能则是针对每个人不同的气质和性格，分别进行重点训练，如深谷训练、巷战训练、空中训练等特技。在有限的训练时间里，坚持下来的队员个个都是身怀绝技、百步穿杨的高手，具有很强的战斗力，在"二战"这个危机四伏的战场上作出了不朽的贡献。

由于侦察兵任务的隐蔽性，他们必须在悄无声息的状态下侦察到敌人的前沿军事信息，并且尽可能多的消灭敌人，而不能惊动敌军大部队，因此，在侦察武器的选择上要求极其严格。当时苏联侦察兵使用的武器是冲锋枪和手榴弹，但由于这些武器毁伤性较大，发出的声响容易引起敌人注意，因此仅仅在侦察兵自卫时使用。而当他们潜入敌营，越过铁丝网障碍，通过敌人布设的雷区时，剪刀和探雷器等特种工具装备就派上了很大的用场。侦察兵之所以不选择

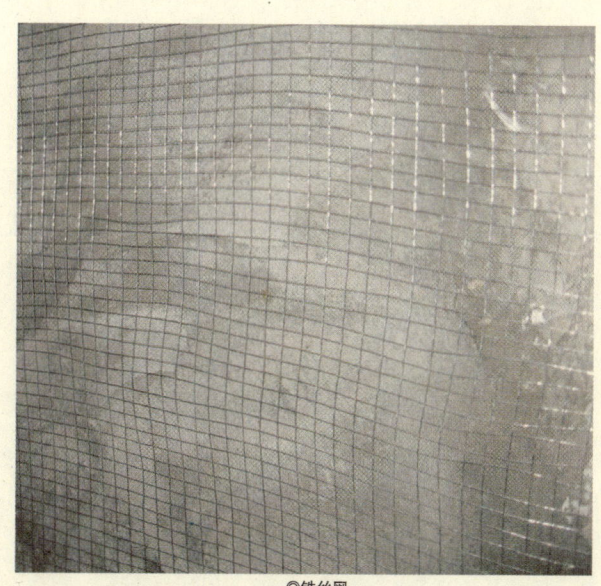

◎铁丝网

◎ "二战"苏军装备的冲锋枪

步枪作为他们的武器装备，是由于步枪在障碍重重的敌军营区内携带十分不便，笨重的步枪会给侦察兵攀援、匍匐等行动带来很多麻烦，并且当时的步枪是中远距离单发射击的武器，与侦察任务所需不符。而冲锋枪的尺寸短小，具有高密度火力，不仅适用于近距离杀伤，而且对敌人突然开火时能产生较强的威慑力，这恰好是突击侦察所需要的。

拿1944年6月苏联红军攻打波兰圣多梅日军事基地这个战例来说，当时，红军针对任务的需要对人员和装备进行了编配，把侦察人员分成突击小组和支援小组两大部分。突击小组的主要装备是以冲锋枪和手榴弹作为攻击性武器，而支援小组必须有较远距离上的火力打击能力，才能有效地掩护和接应侦察小组和突击小组的行动与撤退。因此，他们装备有冲锋枪、步枪（包括一支狙击步枪）、轻机枪和手榴弹。冲锋枪主要用于自卫，还要给机枪手担当警戒。除此之外，当突击小组遭到敌人穷追猛打时，支援小组可以利用冲锋枪与机枪一道建立起近距离密集火力网，迫使敌人放弃追捕。由于事先对行动计划和武器装备进行了周密的准备，侦察兵们顺利完成了任务，并掌握了很多重要的信息，最主要的是他们从一名上等兵俘虏口中撬出了敌人重新部署的重要情报，为下一步军事进攻的胜利奠定了决定性的基础。

具体到"二战"时期侦察兵使用的武器装备，主要有如下几种：

一 步枪

尽管步枪体积较大，重量较沉，在侦察过程中有诸多不便，但它并不能被冲锋枪所取代，在某些情况下，步枪仍然能发挥出很大的功效。例如，活捉俘虏时，样式陈旧但相当可靠的步枪能够准确击倒敌人而不取其性命；潜入敌人营区的第一步就是要消灭岗哨，如果能摸到哨兵附近，匕首就能解决问题，要是摸不到，就要使用精度和射程都比较好的步枪，并且单发发射的枪声不容易引起敌人怀疑和防备。

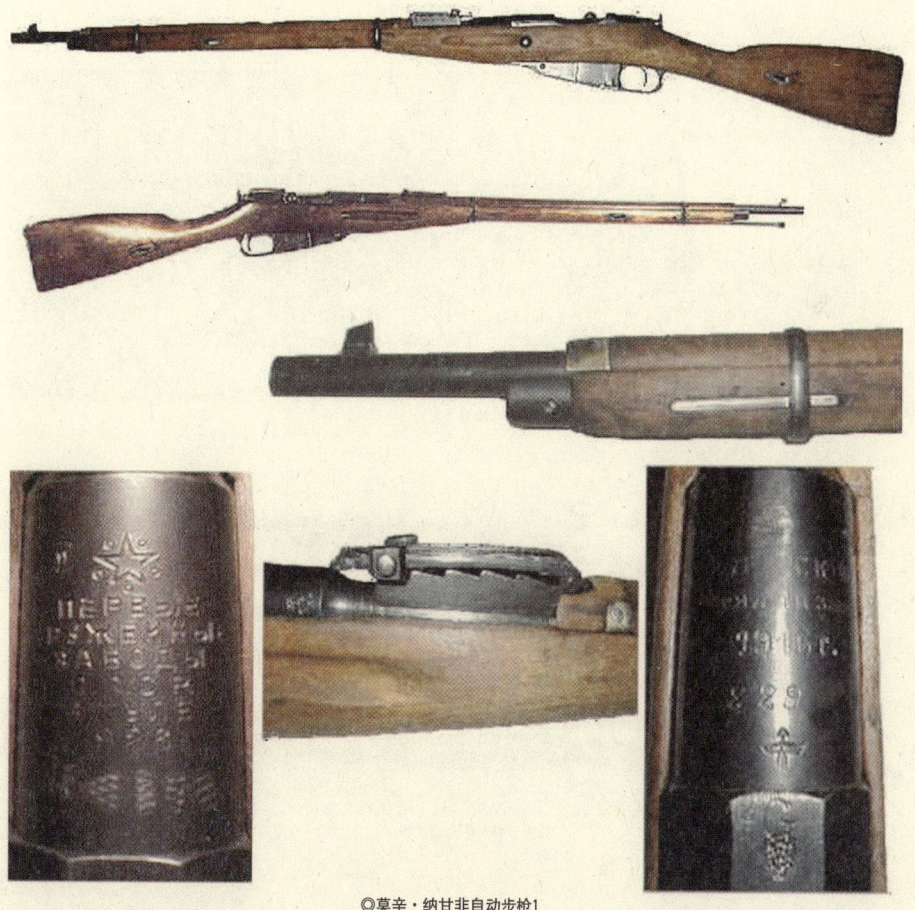

◎莫辛·纳甘非自动步枪1

"二战"时期苏联红军装备的步枪有莫辛·纳甘非自动步枪和其改进型卡宾枪（包括M1938卡宾枪和M1944卡宾枪两种型号），以及托卡列夫半自动步枪。其中M1944卡宾枪最受侦察分队欢迎。

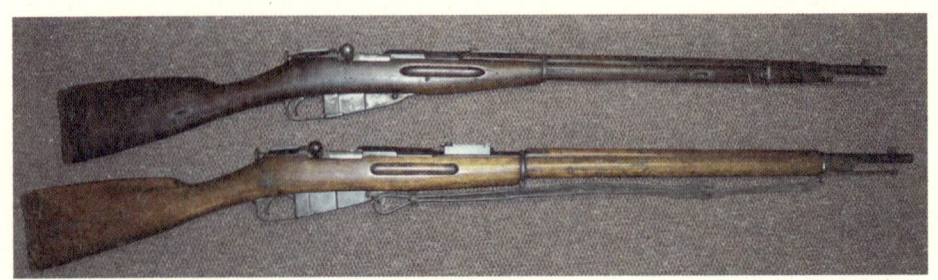

◎莫辛·纳甘非自动步枪2

◎M1938卡宾枪

◎托卡列夫半自动步枪

二 自动武器

"二战"中侦察分队中使用最多的自动武器是冲锋枪。冲锋枪能够形成短暂的密集火力,但它的射程较低,杀伤效果也较差,连发射击精度更低。尤其让人不能忍受的是,冲锋枪像爆豆子一样密集的枪声最容易引来敌人的火力反击。苏联红军在战争年代先后列装了三种冲锋枪,即1940年式杰格佳廖夫冲锋枪(俗称波波德)、1941年式什帕金冲锋枪(俗称波波莎)和1943年式苏达耶夫冲锋枪(俗称波波斯)。

比冲锋枪射程更远、杀伤效果更好的自动武器是轻机枪。但由于苏军当时装备的杰格佳廖夫轻机枪的尺寸和质量较大,难以携带,而且采用的是弹盘供弹,如果弹盘内没有装满枪弹还会发出声响,容易暴露侦察员的行踪,因此也不太被侦察兵所使用。

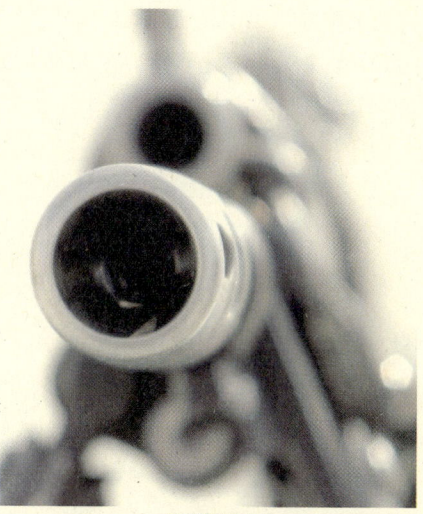

◎波波斯冲锋枪

◎Stg44式突击步枪

乌克兰第一方面军的老侦察员卡萨列夫中校认为，侦察部队最需要的自动武器既不是冲锋枪也不是轻机枪，而是突击步枪。"二战"后期，德国法西斯军队装备的ＭＰ43／Stg44突击步枪，在苏德战场上发挥了很大的作用。苏联军队从1944年开始组织突击步枪的研制，在战后正式装备了AK47突击步枪和1943年式7.62mm步枪弹。

三 手榴弹

手榴弹是侦察兵必备的武器。苏军"二战"时使用的手榴弹种类很多，主要有RPG40式和RPG43式反坦克手榴弹，PRG33式防御型手榴弹，PRG33式进攻型手榴弹，F1式手榴弹，RGD33式手榴弹，RGO防御型和RCH进攻型手榴弹等。这些型号的手榴弹各有利弊，例如，PRG33式防御型手榴弹的弹体外面加装了预制破片金属套，增加了重量，影响了携行性能；F1式手榴弹比RGD33式携行性能略好，但是它的破片不规律，破片飞散距离太大。在当时苏军装备的手榴弹中，侦察兵最喜欢使用的是携行性能介于这两种手榴弹之间的RG42式进攻型手榴弹。

◎RPG40式反坦克手榴弹

四 其他武器和辅助工具

除冲锋枪、步枪和手榴弹之外，侦察兵还需要侦察刀和匕首等冷兵器。就这二者而言，匕首有双面刃，刀刃比侦察刀长，对敌人的杀伤能力更强，刺中人体之后，更容易致死。此外，在以铁蒺藜、铁丝网作为主要封锁手段的"二战"时期，剪刀也是侦察兵比较常用的辅助工具。

"二战"后，通过对战争时期侦察兵武器使用经验的总结，苏联军方加大了对侦察和特种部队专用武器的研制力度。特别研制了斯捷奇金冲锋手枪，并为其研制了消声器，为突击步枪配置折叠枪托以提高携行性能，并研制出微声狙击步枪、微声突击步枪和不必加装消声器的封闭式微声手枪以及特种侦察匕首等，为苏联侦察及特种部队的建设作出了很大的贡献。

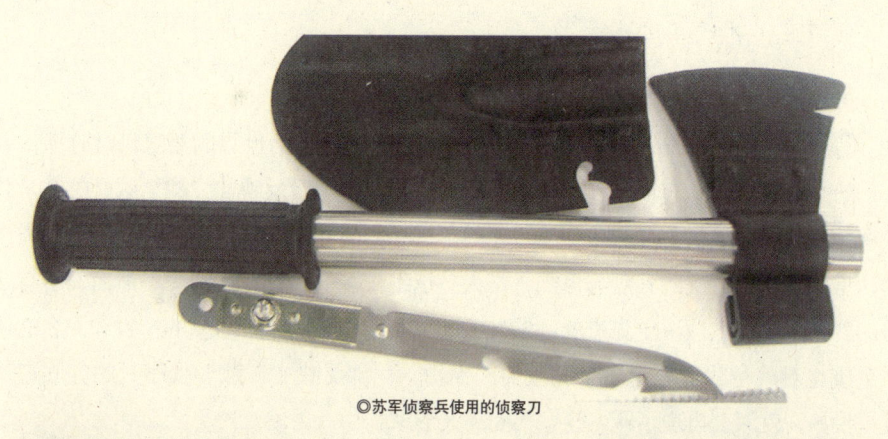

◎苏军侦察兵使用的侦察刀

◎斯捷奇金冲锋手枪

永不消逝的《星星》

席卷全球的"二战"浩劫早已离我们远去,但它留给世界的慨叹仍时时撞击着人们的心灵。至今,有很多读者都非常喜爱阅读或是观看反映"二战"题材的文学和影视作品。或许绝大部分艺术作品记述的都是"二战"时飞机、坦克、大炮的轰隆作响,是交战双方对决的壮观与惨烈,是大将运筹帷幄的机智与冷静……然而,所有战争的胜利并不完全取决于先进的武器装备和英明的领导决策,可靠的情报和无名的侦察英雄也对战争的成败起着至关重要的作用。一部反映"二战"侦察兵的苏联影片《星星》,就深刻再现了无名侦察兵的高大形象。

这部影片叙述的是"二战"的最后阶段,发生在苏德战场上的感人故事。1944年夏天,苏联红军经过浴血奋战,将德军逼出边界,德军战败已成定局。但气焰嚣张的德国法西斯政府仍欲作挣扎,调整部署准备进行最后的反抗。为了准确查明德军的编制实力和真实作战意图,苏军立即派遣侦察小分队潜入敌防御纵深进行侦察,但损失极其严重,小分队的成员们先后遭敌围歼,壮烈牺牲在祖国的土地上。上级得知侦察排严重减员的消息后,临时抽组了七名武艺精湛的战士,成立了以特拉夫金中尉为组长的第三侦察小分队,要求他们继续深入敌区完成这项艰巨的任务。小分队成员们携带一部无线电台与军司令部"大地"进行联络,电台的呼号就是影片的主题"星星"。

小分队的七名成员不顾艰难万险,深入德军纵深。不幸的是,他们在与敌军的遭遇战中暴露了目标,与总部进行联络的电台被敌军查缴,这无疑是小分队的一大损失。如果没有电台,他们就无法将侦察到的情报在最短的时间内,以最快的速度告知上级,这也就意味着攻打德军的最佳战机将被延误,造成不可想象的后果。为了将情报及时报告给苏军,七名侦察兵义无反顾地走向荆棘之路,与敌军进行了激烈的交战,用自己的血肉为战斗的胜利开辟了一条捷径。终于,他们夺得了电台,并以"星星"为号将敌军的部署传送到了最高统帅部,但却遭到德军包围,献出了年轻的生命……正像苏联卫国战争时期著名的战地作家艾·卡扎科维奇在叙事诗《星》中描写的那样:"他们穿着伪装服,整装出发,遗忘了自己的过去,放弃了自己的未来,就这样整装出发。从此,他不再属于自己,无论是自己的隶属还是自己的往事都不再提起,只把这些深深地藏在记忆。他甘愿无名,甘愿无语,跋涉在野地、丛林和峡谷,不畏陌路,不畏险境,'不辱使命'是他们头脑中唯一的念头"。

◎ "二战"德军的巨型坦克

◎ "二战"飞机1

◎ "二战"飞机2

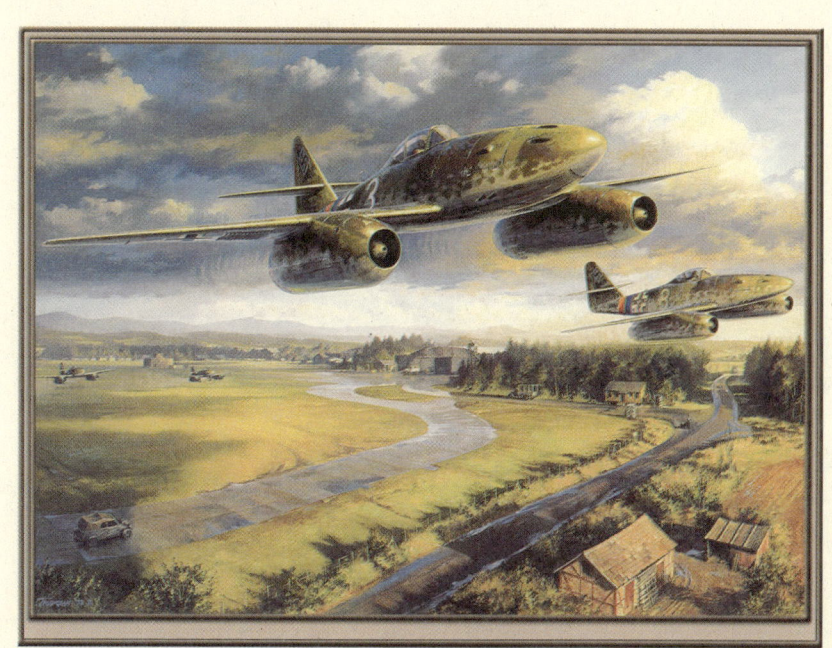

◎ "二战"飞机3

◎ "二战"大炮

子弹的歌声

太平洋战争是第二次世界大战期间日本法西斯发动的侵略战争。这场战争以日本为一方，以美国、英国、荷兰、澳大利亚、新西兰以及亚洲和太平洋地区反法西斯联盟各国为一方，是第二次世界大战的重要组成部分。战争双方动用了大量的人力、物力，进行了殊死的搏斗，死伤无数，极其残酷。

◎太平洋战争

据战后美军的回忆,在太平洋战场最后一场大的战役——冲绳岛海战中,日军"神风特攻队"战机发挥出极大的威力。当时,"空中满是低空掠过的'神风特攻机',他们成群结队地飞行,然后消失,或者撞向军舰"。4 907名美军战士在冲绳岛战役中阵亡,其中不乏背负艰巨任务的侦察突击队员们。

下面是一名20岁的侦察兵小战士理查德·金写给父母的信。在信中,他叙述了自己在太平洋近两年里经过的血腥战斗。我们可以通过这封信,去重新回味一下当时侦察兵的战斗、生活和心理状态。

爸爸,妈妈:

你们好!我们在1943年12月14日乘坐豪华客船离开美国,20日到达檀香山。我们在兵营停留了大约10天,之后我们被送到新兵学校接受了1个月的训练,被编入各自的连队。我们随即为攻打塞班岛接受训练。登陆演习,严格的训练过程。

5月31日,我们在珍珠港上了运兵船。当时战舰"俄克拉何马号"刚被从海底打捞起来,人们正在往上涂漆。一个星期后,我们到了马歇尔群岛的埃尼威托克岛,停留了一天,继续向塞班岛进发。6月16日,我们在塞班岛海岸落锚。我们驶近塞班岛时,看到敌人的登陆驳船在燃烧,日本兵或死或伤,漂浮在水面上。海军向塞班岛发射了数千吨的炮弹。下午3点30分,我们接到命令,准备登陆。我们从5点30分到10点30分一直在海面上,然后向海岸推进。驳船在离海岸大约75码的地方停下,我们涉过齐肩深的海水,刚上岸,日军的步枪、机关枪、迫击炮的火力就一起向我们压过来。整夜我们都伏在海滩上、泡在海水里,海浪不停地冲打着我们。清晨4点30分,我们移动到前沿阵地。这是以后23天战斗的序曲。7点,我们开始进攻。那一夜是最可怕的,我会一直记得那个夜晚。我们还没有站稳脚,日军就开始反击。我们占领了一座小山,他们又迫使我们撤到更安全的防线上。我们占领那座山之前,进行了一场机关枪的对阵。信不信由你,我居然在无人区睡了45分钟。

我醒来时发现,机关枪的交火已经结束,干掉了日军3挺机枪。我们的驱逐舰向我们前方的山脊开火,然后当我们从山上撤下来时,日军打得很凶。我们在海岸上前进,周围的伙伴一个个地倒下,有人的脸被炸开,有人落到海水中。我们两个战士背下来一个伤员,医护人员整夜都在给他输血,但天亮时他还是死了。他的下巴和鼻子都被炸飞了。这些写起来够恐怖的,但人们应该知道战争究竟意味着什么,那样他们

◎ "二战"时的珍珠港

◎ "二战"中准备战斗的日军

或许就不会很快发起另一场战争了。人们应和平地生活在一起。

　　天晚了，我们累得要死，但命令又下来了，"准备行动"。我们开火，向山上冲。日本人后退了，我们开始准备在岛上过夜。到处都是珊瑚礁，很难挖掩体。我们把礁石堆起来，形成一个个散兵坑。最后，我们倒在地上，很快就睡着了。我们的炮兵和海军整夜都在轰炸那座山。第二天日军换了一种迫击炮，一发炮弹正好落在我身后大约8英尺的地方，打中了几个战士。那时我才觉得上帝会与我同在。他们进攻时我们不得不撤退。我们缺少淡水、食物、弹药，别无他法，只有撤退。而且只有一条路可走，我们下到水中，退到岸边，直到敌人的射程之外，在那里重新组织部队。

　　整个海滩上，到处都是受伤死去的人。也许你们会认为这太残忍，但我还是想让你们知道事情是什么样子，迫击炮弹在头上开花，撕裂人们的躯体。乱飞的铅弹和珊瑚撕开人的脸，真是太恐怖了，我永远也不会忘记在这海滩上地狱般的景象。下了一夜的雨，泥没过了脚背。我们的大炮轰响了一夜，第二天早晨我们继续行动。从我们165团占领的机场，B-29轰炸机对日军进行轰炸。这一夜过得比较平静。第三天，我们要清除海湾的敌人，他们切断了我们的供给。那里有很多日本兵，我们不少战士死伤。

　　那一天燃烧在我的记忆中。头天夜里我们没有水和食物。温度有120华氏度，我们整天都在珊瑚礁上，在炽热的阳光下，简直都快疯了。我根本张不开嘴，我的舌头肿胀起来，我的嗓子干得冒火，鼻子和嘴都在流血。我们脚下大约15英尺以外是大海，海水看上去很诱人。大约清晨5点，我们撤下来休息，碰上了供给车，有足够的水。我一口气喝了满满一钢盔的水，却根本没什么感觉。我们本以为可以休息3天，但第二天早晨又行进7英里去攻打塔波乔山。我们要解救困在那里的海军陆战队。这是我们作战的第5天和第6天。发生了很多事情。我和第2侦察队走在前面，我们发现了日本兵的一个弹药堆，他们用机关枪对我们扫射。我们占据了几个有利的位置。每次有日本兵来取弹药，我们就让他好看。就在这里，我的一个好伙伴被打死了。

　　过了几天，我们向北进发，把日军赶到他们最后的阵地。7日，他们9 000人对105步兵师第4连队发起自杀性进攻。这支部队打了最漂亮的一仗。第二天的统计表明，大约8 000名日本兵被打死。几乎所有的美军士兵都战死了，其中有我的不少朋友。最后没有弹药了，他们就用斧子和拳头迎战。双方倒下的士兵中，都有人的胸部或者肚子上插着斧

◎"二战"中日军使用机枪作战

◎"二战"中掩藏埋伏的日军

头。

8日，我们在清除洞穴里的敌人。我是第一侦察兵，我爬下布满长藤和珊瑚礁的山谷，第二侦察兵在后面喊着叫我快躲。我一面转身一面躲了一下。正好躲过一个日本军官砍向我脑袋的一刀。我把刀从他手里打落，给了他一刺刀，就是这样。刀刃上的豁口就是我刺刀的杰作。

战斗结束后我们退回海湾休息，但根本谈不上休息。太热了，我们中间爆发了登革热，几乎每个人都传染上了。身体不停地哆嗦，体温升到105华氏度（即40.6摄氏度）。我们简直就像猪一样，事情过去了就会被遗忘。我们一直待在那里，直到离开塞班岛。

我们到圣埃斯皮里图时，就是一支疲惫不堪、一脸病容的部队。经过了塞班岛战斗后，新赫布里底群岛简直就是天堂。很好的宿营地，成排的棕榈树。我们休息了两星期。我什么也没做，只是恢复我失去的健康和体重。我有辆吉普车，开着到处转，很开心。每天都到海滩俱乐部，去吃冰淇淋，喝可乐。我的战友们在接受训练，准备攻打冲绳岛，我错过了训练。

3月19日，我们离开新赫布里底群岛。4月1日，在加罗林群岛休息了一天，然后出发，4月8日，我们登上冲绳岛，先在内陆休息了一下，大约一星期，然后上前线。在前线10天，我们突破了日军防线的西侧，伤亡很大，陆战队士兵前来支援我们。当晚，日军发起进攻，使整个连队后撤500码。我们的连损失惨重。我们班只剩下4个人。一个人受了重伤，在医院里躺了9个月，他妻子也和他离婚了，冲绳岛带给他的不幸太多了。我一个最好的朋友死在我怀里，迫击炮炮弹炸到了他的胸部。他死时我哭了。我们一直在一起，这让我很难受。我不知道该怎么叙说我的战友，他们都是好样的，也都是好朋友。

在冲绳岛上的炮火很可怕。炮弹会击中你、埋葬你，或是把你炸出散兵坑。一名天主教牧师正在为每个散兵坑里的战士祈祷时，一颗炮弹从腰部把他一分为二。

日本兵把很多美国人赶到一起，浇上汽油，然后点燃火柴。这不是宣传故事，而是真正的暴行。

每次行动，我都知道上帝在我身旁。我每次都祈祷能给我个机会，默默地祈祷。很多时候，我只有时间说一句"上帝和我在一起"，然后就尽力而为。我有几次差点

◎战斗中的日军

◎ B-29轰炸机

被打死，在塞班岛和冲绳岛我们都冒着生命危险。每次，当子弹的歌声离我如此近时，我都觉得生命的纽带就要断裂。

这些大概就是过去21个月里我的故事。在这里已经很久了。当最后的消息传来，我又哭又笑。我渴望回家见到你们所有人。

儿子 迪克

1945年9月8日

"二战"中，像迪克这样不顾个人安危，为祖国献身的侦察兵战士们比比皆是。他们冲在战场第一线，忍受了常人无法忍受的艰辛困苦，为的就是得到第一手情报。作为侦察兵中的一员，迪克和他的战友们一样，长时间以来，除了面对战场上枪炮和子弹的威胁，他们心理上的压力和负担更大。当然，他们所作的努力一定会得到回报，战争最终取得了胜利，侦察兵们功不可没。

"二战"时期的侦察故事比比皆是，侦察兵们凭借超人的智慧，发挥集体的力量，团结一致，协力合作，赢得了一个又一个胜利。这里就有一件发生在苏德战场上令所有侦察兵们引以为豪的战例：

1942年，德国法西斯贪婪地盯着当时苏联的大片土地，酝酿着先吞下列宁格勒（即彼得堡），再占领斯大林格勒（即察里津）和高加索，最后夺取莫斯科的阴险计划。形势对苏联非常不利，莫斯科最高统帅部想尽一切办法组织力量，积极防御，准备反攻。

知识链接：

散兵坑：散兵坑又名单人掩体，军事用语。单兵射击和掩蔽用的不加掩盖的工事。就单兵防护措施来说，散兵坑是最好的环型防护工事。对于敌轻武器火力、炮弹弹片、飞机进行的扫射或轰炸以及坦克的辗压，散兵坑均可对人员提供极佳的防护。即使只完成一部分，散兵坑也可视其挖掘的深度提供不同程度的防护。

登革热（俗称"断骨热"）：一种由登革热病毒引起的急性发热传染病，由蚊子传播给人类。临床特征为起病急骤，高热，全身肌肉、骨髓及关节痛，极度疲乏，部分病患可有皮疹、出血倾向等。

为了防备德军从冰冻的芬兰湾上发起攻击，苏军最高统帅部抢先部署波罗的海舰队，组织冬季防御。然而，由于准备时间仓促，波罗的海舰队无法预知德军的进攻情况，也难以采取相应措施。为了找准德军有可能进攻的突破口，避免舰队的损失，苏联军队决定立即派出侦察兵前去侦察，以摸清海岛上德军的火力分布情况。

侦察兵们出发的那天是个艳阳高照的好天气，暖烘烘的太阳把芬兰湾沿岸和冰面上的积雪晒得全都融化了。沿岸树枝上一排排冰凌沥沥拉拉滴着水，地上的残雪混合着泥土四处流淌，侦察兵们就这样在湿滑的泥水里一步一步地往前走。

可是没想到，几天以后，寒流再次袭来，整个芬兰湾又一次结冰，成了一个大冰场。这种恶劣的环境加大了侦察兵们执行任务的难度，担任此次任务的指挥官更是心急如焚。干着急不是解决问题的办法，于是，指挥官和侦察员们在一起商量对策，大伙你一言，我一语，终于想出了一个克服路滑的好办法。

他们在当地的一个物资仓库里，找来了一只体育比赛用的带帆雪橇。这雪橇特别大，能坐好几个人。他们在雪橇上固定好一挺机枪，然后试着滑了滑，果然轻便灵活。事不宜迟，当晚，侦察兵们就驾驶着这只被他们自己誉为"快艇"的雪橇出发

◎ "二战"纳粹德军残杀民众

了。借着风力的推动，雪橇在光溜溜的冰面上飞速前进。沿岸的塔灯为雪橇导航。不久，侦察兵们便来到了敌人占领的海岛附近。他们一边握紧着手中的枪，机警地察看敌人的动静，一边操纵着雪橇，绕着岛屿滑行。

德军哨兵发现有雪橇驶来，立即拉响了警报。他们从各个明暗的工事里喷出火舌，对着"快艇"疯狂地射击。然而，由于冰面的反射作用力，再加上侦察兵们的灵敏反应，敌人根本无法瞄准速度飞快的苏军雪橇。就这样，敌人只顾对付这只雪橇，无意之中却把火力点的位置全部暴露无遗。苏军侦察员们趁机一一做了标记。

当然，最终的结果是苏联军队根据侦察兵们前沿侦察获取的重要情报，掌握了敌人的火力情况，变防御为进攻，打响了战斗的第一枪……